생태 돋보기로
다시 읽는
우리 속담

슬기 선생님과 생태학 박사들의 신나는 대화!
정보 제공 및 내용 감수에 참여한 국립생태원 연구원

강성룡(융합연구실)	조류	강재연(생태기반연구실)	곤충류
고은하(융합연구실)	포유류	김백준(생태평가연구실)	포유류
박영준(융합연구실)	무척추동물류	박정수(생태평가연구실)	식물류
박진영(생태조사연구실)	곤충류	윤희남(생태조사연구실)	어류
이승은(생태조사연구실)	식물류	장민호(생태평가연구실)	양서·파충류
진선덕(생태기반연구실)	조류		

생태 돋보기로 다시 읽는 우리 속담

발행일 2016년 11월 15일 초판 1쇄 발행 / 2018년 9월 5일 초판 2쇄 발행

엮음 국립생태원
그림 권영묵, 김경수, 김영곤, 오은하
발행인 박용목 | 책임편집 김웅식 | 편집 전세욱 | 본문구성·진행 아이핑크 | 디자인 파피루스
사진 국립생태원(김대인, 박정수, 박진영, 윤희남, 이승은, 장민호, 진선덕), Shutterstock
발행처 국립생태원 출판부 | 신고번호 제458-2015-000002호(2015년 7월 17일)
주소 충남 서천군 마서면 금강로 1210 / www.nie.re.kr
문의 041-950-5999 / press@nie.re.kr

ⓒ 국립생태원 National Institute of Ecology, 2016
ISBN 978-11-86197-83-7 74400
    979-11-86197-38-7(세트)

※ 이 책에 실린 모든 글과 그림을 저작권자의 허락 없이 무단으로 사용하거나
  복사하여 배포하는 것은 저작권을 침해하는 것입니다.

⚠ 주의 다칠 우려가 있습니다. 본 도서를 던지거나 떨어뜨리지 않도록 주의하십시오.
  고온 다습한 장소나 직사광선이 닿는 장소에는 보관을 피해 주십시오.

생태 돋보기로 다시 읽는 우리 속담

국립생태원 엮음 | 김영곤 외 그림

머리말

재미와 교훈이 가득한 슬기 선생님의 속담 이야기를 들어 보렴!

    친구들, 안녕? 나는 슬기 선생님이라고 해. 선생님은 어릴 때부터 사람들에게 이야기 들려주는 걸 아주 좋아했단다. 그래서 아이들을 가르치는 선생님이 되었어. 지금은 생태학자와 결혼해서 시골 학교에 다니고 있지. 나는 요즘 이곳 아이들과 운동장에서 실컷 뛰고, 들로 산으로 다니며 사계절을 느끼는 재미에 푹 빠져 있단다. 아이들이 가장 좋아하는 시간은 국어, 수학 시간보다 역시나 나의 이야기를 듣는 시간이야. 그래서 이번에 좀 특별한 이야기를 준비해 봤어. 바로 속담 이야기란다. 그냥 속담이 아니라, 시골에 내려와 자주 보았던 동물과 식물들이 등장하는 속담 이야기야.

    '속담'이 무엇인지 알고 있는 친구도 있을 거고, 아는 것 같긴 하지만 정확히 모르는 친구도 있을 거야. 어떤 친구들은 이미 몇 가지 속담을 생활 속에서 잘 쓰고 있을지도 모르겠어. 속담은 예로부터 많은 사람들이 경험을 통해 널리 쓰던 말들이 입에서 입으로 전해진 것이야. 그래서 속담을 잘 살펴보면 옛사람들의 삶과 문화를 알 수 있는 것들이 많아. 대부분 생활 속 교훈을 담은 말들인데, 짧은 문장으로 표현되기 때문에 한 번 들어서는 무슨 뜻인지 아리송할 수도 있어. 하지만 뜻을 알고 나면, 무릎을 치면서 어떤 상황에서 쓰는 말인지 금방 깨닫게 될 거야. 속담을 잘 쓰면 길고 복잡하게 설명해야 할 상황도 아주 간단하게 표현할 수 있는 말재주꾼이 될 수도 있단다.

    너희가 좀 더 쉽게 이해할 수 있도록 전래동화에서 빌려 온 이야기, 주변에서 볼 수 있는 너희 친구들의 이야기들을 준비했으니, 기대하렴.

속담 이야기꾼,
슬기 선생님이

속담 속 생태 궁금증은 가람 박사가 풀어 줄게!

슬기 선생님과 결혼한 생태학자가 바로 나, 가람 박사야. 어릴 때부터 자연 속에서 풀과 나무를 관찰하고, 동물들을 쫓아다니는 걸 너무나 좋아해서 생태 박사가 되었단다. 그것도 모자라 아예 시골로 내려와 매일 산으로 강으로 다니며, 작은 곤충부터 물고기, 이름 모를 풀부터 커다란 나무까지 온갖 동식물을 만나는 일이 일상이 되었지.

슬기 선생님이 들려줄 이야기가 동물과 식물에 관한 속담 이야기라니, 내가 가만히 있을 수는 없지. 한번쯤은 이상하게 여겨 본 적이 없니? 왜 하필 '그 속담' 속에 '그 동물' 또는 '그 식물'이 등장했을까? 동식물이 등장하는 속담을 살펴보면 그 동식물에 대한 사람들의 생각도 알 수가 있지. 그리고 아마 궁금증이 꼬리에 꼬리를 물게 될 거야.

속담 중에 '미꾸라지 한 마리가 온 강물을 흐린다'는 말만 봐도 그래.

미꾸라지는 강에 사는 동물일까? 왜 강물을 흐리는 걸까? 강물을 흐리는 미꾸라지는 나쁜 동물일까?

'구르는 돌에는 이끼가 끼지 않는다'는 말은 또 어떨까.

돌이 구르면 왜 이끼가 끼지 않을까? 이끼는 식물일까? 어디에 자라는 식물일까? 돌에 이끼가 끼면 좋은 걸까, 나쁜 걸까?

어때, 속담 하나에도 호기심과 궁금증이 샘솟지 않니? 하지만 걱정하지 마. 너희들의 궁금증을 단번에 해결해 줄 이 가람 박사가 있으니까.

자, 이제 속담 속 동식물 이야기를 만나러 가 볼까?

국립생태원 연구원
가람 박사가

차례

머리말 6

| **다시 읽는 우리 속담 01** | 고양이 쥐 생각한다 12
가람 박사의 생태 이야기 | 쥐를 걱정하는 고양이가 있을까? 14

다시 읽는 우리 속담 02 | 다람쥐 쳇바퀴 돌리는 듯하다 16
가람 박사의 생태 이야기 | 모든 다람쥐가 쳇바퀴를 돌릴까? 18

다시 읽는 우리 속담 03 | 꿩 대신 닭이다 20
가람 박사의 생태 이야기 | 꿩과 닭은 비슷한 동물일까? 22

다시 읽는 우리 속담 04 | 물이 깊어야 물고기가 논다 24
가람 박사의 생태 이야기 | 깊은 물속에는 어떤 물고기가 놀까? 28

다시 읽는 우리 속담 05 | 굼벵이도 구르는 재주가 있다 30
가람 박사의 생태 이야기 | 구르지 않는 굼벵이도 있을까? 32

다시 읽는 우리 속담 06 | 도토리 키 재기 34
가람 박사의 생태 이야기 | 도토리는 키가 얼마나 될까? 36

다시 읽는 우리 속담 07 | 빛 좋은 개살구 38
가람 박사의 생태 이야기 | 살구랑 개살구는 어떻게 다를까? 40

다시 읽는 우리 속담 08 | 하룻강아지 범 무서운 줄 모른다 42
가람 박사의 생태 이야기 | 호랑이도 한때는 귀여웠다고? 44

다시 읽는 우리 속담 09 | 새 발의 피다 46
가람 박사의 생태 이야기 | 가장 발이 작은 새는? 50

다시 읽는 우리 속담 10 | 미꾸라지 한 마리가 온 강물을 흐린다 52
가람 박사의 생태 이야기 | 미꾸라지는 왜 맑은 물을 흐릴까? 54

다시 읽는 우리 속담 11 | 우물 안 개구리다 56
가람 박사의 생태 이야기 | 우물 안에 사는 개구리가 있을까? 58

다시 읽는 우리 속담 12 | 꽃이 고와야 나비가 모인다 60
가람 박사의 생태 이야기 | 모든 나비가 꽃을 좋아할까? 64

다시 읽는 우리 속담 13 | 감나무 밑에 누워 연시 떨어지기를 기다린다 66
가람 박사의 생태 이야기 | 감은 왜 익을수록 더 달까? 68

다시 읽는 우리 속담 14 | 수박 겉핥기다 70
가람 박사의 생태 이야기 | 알맹이보다 껍질이 더 중요한 과일이 있다고? 74

다시 읽는 우리 속담 15 | 서당 개 삼 년에 풍월 읊는다 76
가람 박사의 생태 이야기 | 영리한 개는 사람의 말도 따라 할 수 있을까? 78

다시 읽는 우리 속담 16 | 바늘 도둑이 소도둑 된다 80
가람 박사의 생태 이야기 | 소는 풀만 먹는데 어떻게 덩치가 클까? 82

다시 읽는 우리 속담 17 | 닭 잡아먹고 오리발 내민다 84
가람 박사의 생태 이야기 | 오리발은 닭발과 어떻게 다를까? 88

다시 읽는 우리 속담 18 | 숭어가 뛰니 망둥어도 뛴다 90
가람 박사의 생태 이야기 | 숭어의 뜀뛰기 실력은 얼마나 뛰어날까? 92

다시 읽는 우리 속담 19 | 구렁이 담 넘어가듯 한다 94
가람 박사의 생태 이야기 | 담 넘어가는 구렁이를 쉽게 볼 수 있을까? 96

다시 읽는 우리 속담 20 | 벼룩의 간을 내어 먹는다 98
가람 박사의 생태 이야기 | 벼룩의 간은 어디에 붙어 있을까? 100

다시 읽는 우리 속담 21 | 콩으로 메주를 쑨다 해도 곧이듣지 않는다 **102**
가람 박사의 생태 이야기 | 메주를 쑤는 콩이 따로 있을까? **104**

다시 읽는 우리 속담 22 | 가을에 핀 연꽃이다 **106**
가람 박사의 생태 이야기 | 연꽃은 가을에 피는 꽃이 아니라고? **108**

다시 읽는 우리 속담 23 | 고슴도치도 제 새끼가 가장 곱다고 한다 **110**
가람 박사의 생태 이야기 | 고슴도치는 태여날 때부터 가시가 있을까? **112**

다시 읽는 우리 속담 24 | 제비는 작아도 강남 간다 **114**
가람 박사의 생태 이야기 | 제비는 왜 강남에 갈까? **116**

다시 읽는 우리 속담 25 | 참새가 방앗간을 그냥 지나치지 않는다 **118**
가람 박사의 생태 이야기 | 참새가 방앗간에 몰려드는 이유는? **120**

다시 읽는 우리 속담 26 | 가재는 게 편이다 **122**
가람 박사의 생태 이야기 | 가재와 게를 편 가르기 할수 있을까? **124**

다시 읽는 우리 속담 27 | 두꺼비 파리 잡아먹듯 하다 **126**
가람 박사의 생태 이야기 | 두꺼비는 움직이는 것을 어떻게 먹을까? **130**

다시 읽는 우리 속담 28 | 산 입에 거미줄 치랴 **132**
가람 박사의 생태 이야기 | 거미는 왜 산 입에 거미줄을 치지 않을까? **136**

다시 읽는 우리 속담 29 | 구르는 돌에는 이끼가 안 낀다 **138**
가람 박사의 생태 이야기 | 돌 위에 이끼가 자라면 안 좋을까? **140**

다시 읽는 우리 속담 30 | 재주는 곰이 넘고 돈은 주인이 받는다 **142**
가람 박사의 생태 이야기 | 재주 넘는 곰은 미련할까, 똑똑할까? **144**

| 다시 읽는 우리 속담 31 | 염소 물똥 누는 것 보았느냐 146 |
| 가람 박사의 생태 이야기 | 염소는 왜 물똥을 누지 않을까? 148 |

| 다시 읽는 우리 속담 32 | 부엉이 소리도 제 귀에는 듣기 좋다 150 |
| 가람 박사의 생태 이야기 | 부엉이는 어떤 울음소리를 낼까? 152 |

| 다시 읽는 우리 속담 33 | 어물전 망신은 꼴뚜기가 다 시킨다 154 |
| 가람 박사의 생태 이야기 | 꼴뚜기는 정말 못난 동물일까? 156 |

| 다시 읽는 우리 속담 34 | 메뚜기도 유월이 한철이다 158 |
| 가람 박사의 생태 이야기 | 메뚜기는 사람에게 피해만 줄까? 160 |

| 다시 읽는 우리 속담 35 | 지렁이도 밟으면 꿈틀한다 162 |
| 가람 박사의 생태 이야기 | 지렁이는 약하고 하찮은 동물일까? 166 |

| 다시 읽는 우리 속담 36 | 뿌리 깊은 나무는 가뭄을 타지 않는다 168 |
| 가람 박사의 생태 이야기 | 나무가 뿌리를 내리는 이유는? 170 |

| 다시 읽는 우리 속담 37 | 고래 싸움에 새우 등 터진다 172 |
| 가람 박사의 생태 이야기 | 힘 약한 새우가 귀중한 이유는? 174 |

| 다시 읽는 우리 속담 38 | 자라 보고 놀란 가슴 솥뚜껑 보고 놀란다 176 |
| 가람 박사의 생태 이야기 | 자라 등과 솥뚜껑이 닮았다고? 178 |

| 다시 읽는 우리 속담 39 | 송충이는 솔잎을 먹어야 산다 180 |
| 가람 박사의 생태 이야기 | 송충이는 솔잎을 얼마나 갉아 먹을까? 184 |

| 다시 읽는 우리 속담 40 | 벼는 익을수록 고개를 숙인다 186 |
| 가람 박사의 생태 이야기 | 벼가 익을수록 고개를 숙이는 이유는? 188 |

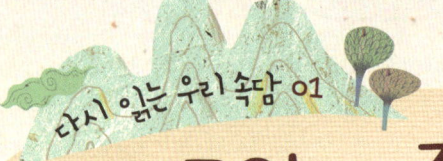

고양이 쥐 생각한다

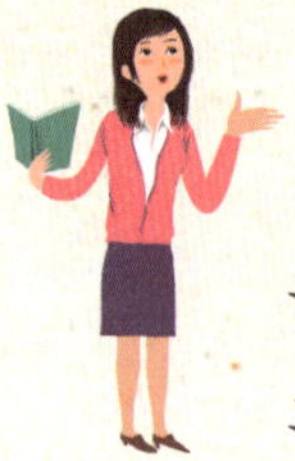

옛날 한 농부가 밭에서 괭이질을 하다 땅속에서 항아리 하나를 발견했어. 농부는 항아리를 집에 가져와 쓰던 괭이를 넣어 두었지. 그런데 다음 날 항아리 안에 똑같은 괭이가 하나 더 있지 않겠어! 무엇이든 둘로 만들어 주는 요술 항아리였던 거야. 농부는 요술 항아리 덕에 금세 부자가 되었지.

같은 마을에 사는 농부의 친구가 소문을 듣고 찾아왔어.

"여보게, 요술 항아리를 내놓게나! 항아리가 나온 밭이 우리 할아버지의 할아버지가 자네 할아버지의 할아버지에게 준 밭이라네. 그러니 그 항아리는 따지고 보면 내 것이야."

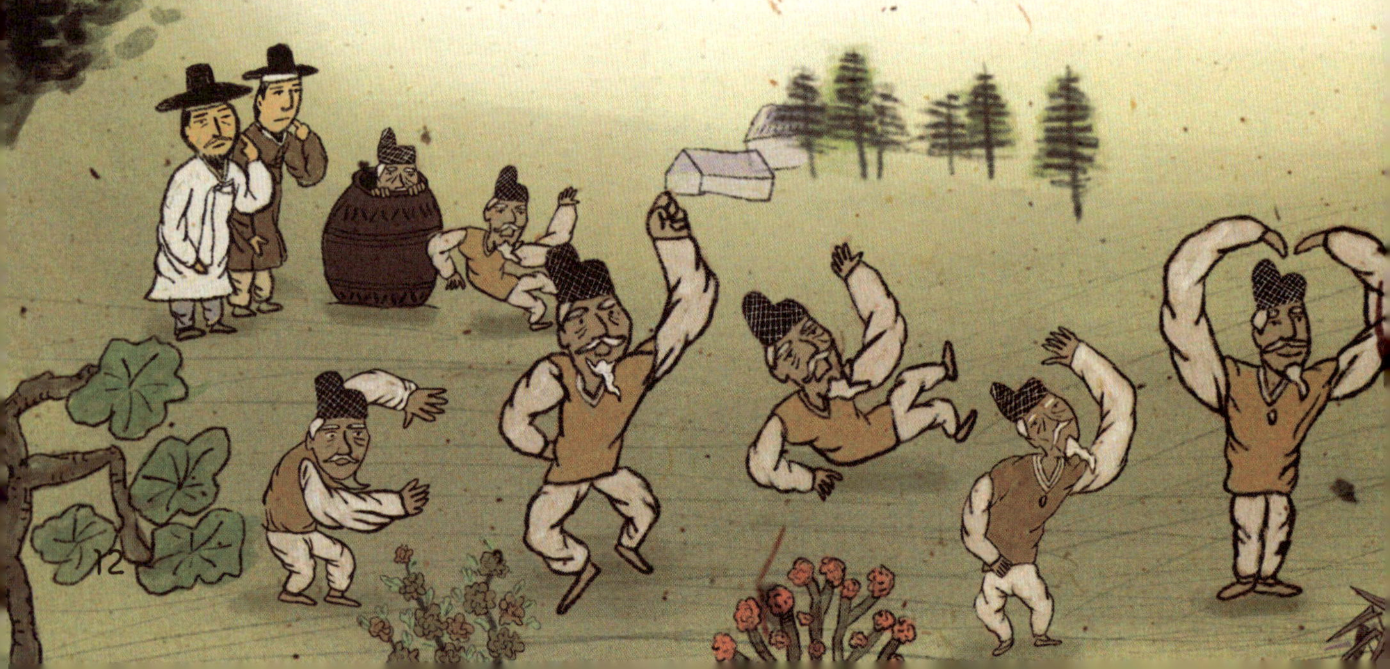

두 사람은 항아리를 두고 싸우다 마을의 사또에게 가서 아뢰었어. 그런데 사또가 이야기를 듣고 있자니, 항아리가 탐이 나는 거야. 사또는 짐짓 어진 목소리로 말했어.

"이러다가는 두 사람의 우정에 금이 갈 터이니 일단 그 항아리는 내가 보관하겠네."

사또는 항아리를 곳간에 숨겨 놓고 몰래 이것저것 넣어 보며 좋아했지. 그러던 어느 날 사또의 나이 든 아버지가 항아리에 빠지고 말았어. 두 명이 된 아버지는 네 명, 여덟 명으로 늘더니 결국 서른 명이 넘고 말았지.

고양이 쥐 생각하듯 속으로는 딴마음을 먹으면서 겉으로는 두 사람을 위하는 척했던 사또는 결국 서른 명이 넘는 아버지를 모시며 살아야 했단다.

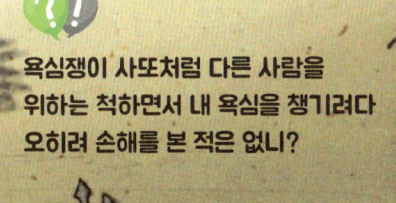

욕심쟁이 사또처럼 다른 사람을 위하는 척하면서 내 욕심을 챙기려다 오히려 손해를 본 적은 없니?

쥐를 걱정하는 고양이가 있을까?

↳ 초콜릿, 레몬은 고양이가 싫어해.

↳ 햄과 소시지, 우유는 고양이에게 위험할 수 있어.

고양이는 뭐든 좋아하는 줄 알았는데, 싫어하거나 먹이지 말아야 할 먹이도 있군요.

고양이가 가장 좋아하는 먹이이자 사냥감 중 하나가 바로 쥐야. 그런데 고양이가 쥐를 걱정하다니 뭔가 이상하지? 맞아. 쥐를 걱정하는 척하면서라도 꼭 잡아먹겠다는 고양이의 시커먼 속마음을 이야기하는 거야. 하지만 실제로 쥐를 걱정할 고양이는 없단다.

혹시 집에서 기르는 고양이나 길에서 자주 만나는 고양이에게 마음을 빼앗겨 먹을 것을 주고 싶다면 명심할 게 있단다. 고양이도 싫어하는 먹이가 있거든.

집에서 사료만 먹는 고양이가 안쓰럽고, 길에서 쓰레기만 뒤지는 길고양이가 불쌍하다고 아무거나 주어서는 안 돼. 특히 햄, 소시지, 어묵, 간이 된 생선처럼 소금이 많이 든 음식은 위험해. 고양이 몸에 소금이 많이 쌓이면 신장에 이상이 생겨 수명이 짧아질 수도 있거든.

고양이에게 우유를 주는 것도 위험해. 고양이 몸에는 우유에 들어 있는 유당을 분해하는 효소가 없어서 설사를 하기 쉽지. 그래서 고양이 전용 우유를 먹여야 한단다.

초콜릿과 커피 같은 카페인이 많이 든 음식도 고양이가 싫어하는 먹이 중 하나야. 카페인을 많이 먹으면 행동이 산만해지면서 흥분을 하기 쉬워. 심하면 발작이나 구토를 일으킬 수도 있단다.

고양이는 귤이나 레몬, 식초처럼 톡 쏘는 냄새를 풍기고 신맛이 나는 음식도 싫어해. 후추나 마늘처럼 냄새가 강한 음식도 싫어하지.

양파는 냄새가 강할 뿐더러 양파에 들어 있는 '티오황산염'이라는 성분이 적혈구를 파괴해서 빈혈과 황달을 일으킬 수도 있으니 조심해야 해. 날고기는 식중독을 일으킬 수 있고, 뼈를 잘못 삼키면 내장에 상처가 생길 수 있으니 잘 익혀 살코기만 발라 줘야 한단다.

고양이도 가려 먹여야 할 게 많은데 요즘 길고양이들은 먹이가 부족해 아무 음식 쓰레기나 주워 먹으니 걱정이에요.

고양이 혀에 숨은 비밀

고양이 혀를 보거나 만져 본 적이 있니? 고양이의 혀에는 뾰족뾰족한 돌기가 돋아 있어. 고양이마다 돌기의 굵기와 개수는 다르지만 약 0.5밀리미터의 굵기로 200~400개 정도를 가지고 있지. 돌기가 돋은 혀는 빗 같은 역할을 해 털을 정돈하는 데 안성맞춤이야. 고기의 뼈에 붙은 자잘한 살점들을 거친 혀로 쓸어 핥으면 깨끗하게 발라 먹을 수도 있지. 또 어미 고양이는 까슬까슬한 혀로 새끼 고양이의 엉덩이를 핥아 용변을 보는 데 자극을 주기도 한단다.

 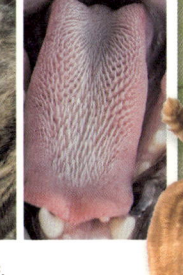

고양이 혀의 돌기 모습이야.

다람쥐 쳇바퀴 돌리는 듯하다

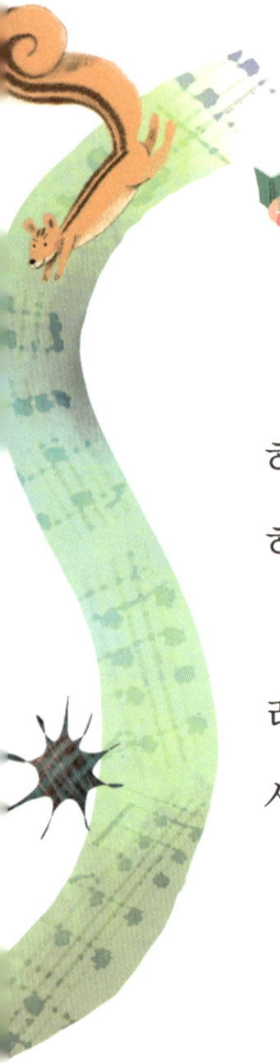

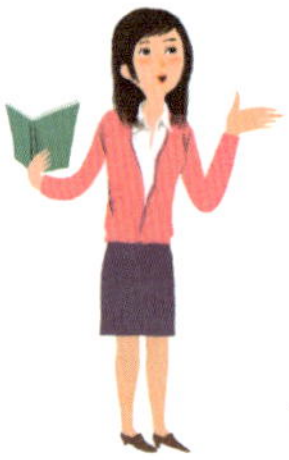

"나 바이올린 그만할래요! 날마다 제자리걸음이잖아요."

서우가 바이올린을 배운 지는 여섯 달이 지났어. 바이올린을 함께 시작한 다른 친구들은 쉬운 동요를 제법 그럴싸하게 연주하는데 서우는 아직도 음정이 불안했거든. 엄마는 서우가 누구보다 열심히 연습한다는 것을 알기에 더욱 안타까웠지.

며칠 후 엄마는 먼지가 켜켜이 쌓인 사진첩과 시디를 꺼냈어. 그건 발레 학원 선생님인 서우의 엄마가 어린 시절에 발레를 하던 모습이 담긴 사진과 영상이었지.

"서우야, 잠깐 이리 와서 볼래?"

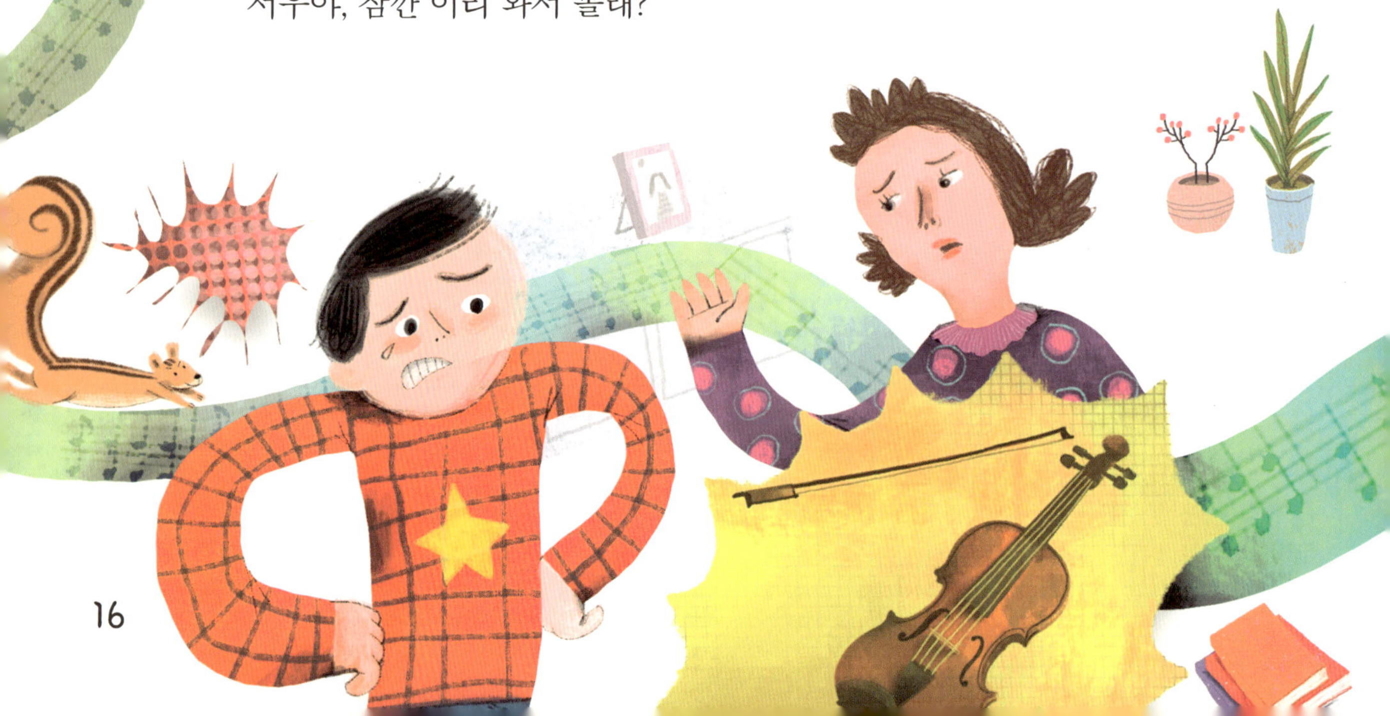

서우는 엄마의 어린 시절이 담긴 영상을 보며 픽 웃었어. 짧은 다리와 팔, 볼록한 배로 발레를 하는 엄마의 모습이 우스웠거든. 하지만 어린 엄마는 진지한 얼굴로 동작 하나하나에 아주 공들이고 있었어.

"서우야, 엄마도 발레를 하면서 그만두고 싶을 때가 많았어. 아무리 연습을 해도 실력이 늘지 않았거든. 제자리에서 **쳇바퀴를 돌리는 다람쥐** 같았지. 하지만 그런 시간이 있었기에 그 다음 단계로 넘어갈 수 있었단다. 서우야, 엄마는 작은 꿈이 있어. 네 바이올린 연주에 맞춰 엄마가 춤을 추는 거야. 어때, 생각만 해도 멋지지?"

서우는 바이올린을 멋들어지게 연주하는 자신의 모습이 금방 떠오르지는 않았어. 하지만 엄마의 춤에 연주를 해 주고 싶다는 새로운 목표가 생겼지. 힘들 때마다 목표를 떠올리면 왠지 팍팍 힘이 날 것만 같았단다.

아무리 노력해도 발전이 없는 것 같거나, 변화가 없는 일상생활이 지겹게 느껴진 적은 없니? 그럴 땐 어떻게 하면 좋을까?

가람 박사의 생태이야기
모든 다람쥐가 쳇바퀴를 돌릴까?

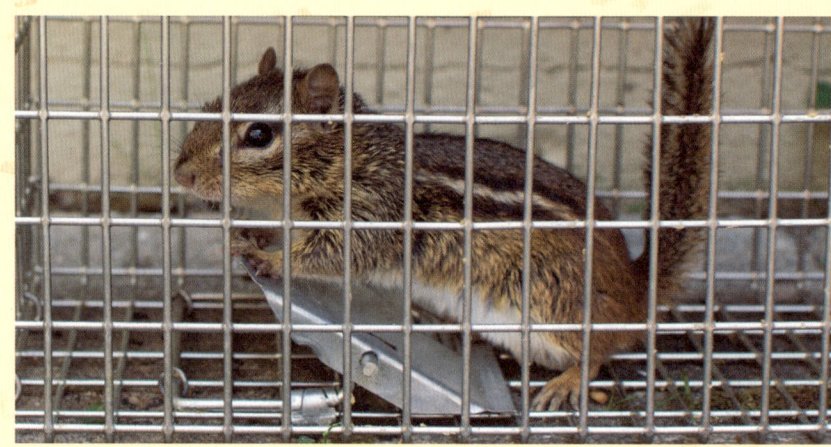
▲ 우리 안에서 키우는 애완용 다람쥐야.

다람쥐가 볼에 한가득 먹이를 담고 있는 모습을 보면 귀여운 욕심꾸러기 같아요.

서우가 자신을 쳇바퀴 돌리는 다람쥐에 비유하며 속상해 하는 모습이 참 안타깝지?

집에서 키우는 다람쥐는 보통 우리에 갇혀 하릴없이 제자리에서 쳇바퀴를 돌리는 것으로 일과를 보내. 하지만 야생에서 사는 다람쥐는 짧은 다리를 빠르게 움직이며 오르락내리락 잘도 돌아다닌단다. 특히 도토리 등 나무 열매가 떨어지는 가을이 되면 터질 듯한 볼을 하고 바삐 오가는 다람쥐를 흔히 볼 수 있어.

그런데 다람쥐는 무엇을 하러 다니기에 그렇게 빠른 걸음으로 이리저리 오갈까? 다람쥐는 추운 겨울이 되면 겨울잠을 자. 그 전에 먹이를 많이 모아 두어야 하지. 다람쥐는 숲 여기저기에 떨어져 있는 먹이를 주우러 다니는데, 사람처럼 가방을 들고 다니는 것도 아니고, 손발이 커서 도토리를 여러 개씩 옮길 수 있는 것도 아니야. 대신 볼을 이용한단다. 다람쥐의 볼 근육은 늘었다 줄었다 하는 탄성이 아주 뛰어나거든. 먹이를 입에 넣은 다음 볼에 차곡차곡 담는데, 밤처럼 너무 큰 먹이는 이빨로 잘라서 넣기도 하지. 다람쥐는 천적이 많아 먹이를 찾으면 그 자리에서 먹는 법이 없어. 볼주머니에 담아 안전한 곳으로 이동한 다음에 먹기도 하고, 보금자리에 보관하기도 해.

그럼, 다람쥐는 딱딱한 도토리나 밤, 호두 같은 먹이를 어떻게 먹을까? 다람쥐는 앞니가 계속 자라는 설치류 동물이야. 그래서 딱딱한 먹이 등을 갉아 이를 갈아야 한단다. 먹이를 먹을 때는 앞 발가락으로 먹이를 꼭 움켜쥐고, 튼튼한 앞니와 어금니로 딱딱한 먹이를 갉아 먹는단다.

먹이를 먹는 야생 다람쥐야. 다람쥐는 잡식성 동물이라 애벌레나 곤충도 먹는단다.

등에 난 다섯 개의 줄무늬와 탐스러운 꼬리가 다람쥐의 귀여운 매력을 더욱 빛내 주지요.

 주머니를 가진 동물들

다람쥐처럼 볼주머니를 가진 동물이 또 있어. 오리 부리와 비슷한 입을 가진 오리너구리도 가재나 지렁이, 조개 등의 먹이를 볼주머니에 저장하지.
볼뿐 아니라 몸에 주머니를 가진 동물들이 있는데, 호주에는 배에 주머니를 가진 유대류 동물들이 많아. 캥거루는 아기 주머니를 가지고 있어서, 새끼 캥거루가 어미의 아기 주머니 속에서 5~6개월 정도 젖을 먹으며 자란단다. 코알라는 아기 주머니도 가지고 있고, 볼주머니도 가지고 있어. 코알라 새끼는 7개월 동안 어미의 주머니에서 자라지. 그밖에도 호주에서 볼 수 있는 왈라비나 주머니하늘다람쥐도 배에 주머니를 가지고 있단다.

아기 주머니를 가지고 있는 코알라, 캥거루의 모습이야.

다시 읽는 우리 속담 03
꿩 대신 닭이다

오늘은 성민이의 생일날이야. 아침 일찍부터 성민이는 잔뜩 기대에 부풀어 있었지. 몇 달 전부터 전동 킥보드를 갖고 싶다는 이야기를 여러 번 해 둔 터였거든. 성민이가 집 안 구석구석을 둘러보며 물었어.

"엄마, 선물 어디 있어요?"

"생일 파티부터 하자꾸나. 조금만 기다려."

케이크에 초를 켜고 온 가족이 생일 축하 노래를 불렀어. 그리고 엄마가 안방에서 커다란 상자 하나를 들고 나왔지. 성민이는 입이 귀에 걸렸어. 그런데 선물을 풀어 보고는 울상을 지었지.

"이건 전동이 아니잖아요. 전 전동 킥보드 타고 싶다고요!"

"성민아, 너한테 전동 킥보드는 아직 위험해. **꿩 대신 닭**이라잖니? 이것도 너에게 충분해."

한 달 뒤, 엄마의 생일날이야. 엄마는 며칠 전부터 아빠에게 선물로 명품 찻잔을 받고 싶다고 말했어. 성민이와 아빠는 미역국을 끓이고 불고기를 만든다며 부엌을 난장판으로 만들었지. 평소 같으면 부엌을 어지럽혔다고 혼을 냈을 텐데 엄마는 생일이라 기분이 좋은지 피식 웃었어. 엄마의 생일 축하 노래를 부른 뒤, 아빠가 선물을 꺼낸다며 식탁 밑에서 부스럭댔어. 엄마는 한껏 기대에 부푼 얼굴을 했지. 하지만 아빠가 꺼낸 선물은 명품 찻잔이 아니라 마트에서 산 원숭이 캐릭터 컵이었어. 엄마의 얼굴이 굳어지자 아빠가 말했어.

"꿩 대신 닭이라잖소!"

기대했던 것이 아닌 다른 것으로 만족해야 할 경우가 있었니? 그럴 땐 어떤 마음을 가지는 게 좋을까?

꿩과 닭은 비슷한 동물일까?

꿩이 적을 피해 고개를 처박고 숨어 있는 모습을 상상하니 어쩐지 애처로운걸요!

꿩 대신 닭이라며 받고 싶은 선물 대신 다른 선물을 받고 서운해 하는 성민이나 엄마의 모습만 봐도, 닭보다 꿩이 귀한 것 같지?

닭고기는 흔하게 먹지만 꿩고기를 먹어 본 사람은 많지 않을 거야. 옛날부터 닭은 집에서도 쉽게 길렀지만, 꿩은 산에 가서 운이 좋아야 한 마리씩 잡을 수 있었지. '꿩 대신 닭'은 꿩을 못 구하면 흔한 닭이라도 먹겠다는 의미로 생긴 속담이란다. 하지만 꿩과 닭은 확실히 다른 동물이야.

수컷 꿩을 '장끼', 암컷 꿩을 '까투리'라고 부르는데, 수컷은 빛깔도 화려하고 꼬리가 훨씬 길어서 한눈에 보기에도 닭과 큰 차이가 있어. 그럼 꿩이 닭보다 귀하게 여겨지는 이유는 뭘까? 닭처럼 날마다 알을 낳으면 그 수가 닭처럼 많아질 텐데 안타깝게도 꿩이 알을 낳는 시기는 5~6월로 정해져 있어. 사람이 꿩을 가두어 놓고 닭처럼 키운다고 해도, 꿩이 알을 낳는 기간은 정해져 있기 때문에 닭처럼 개체 수를 무한정 늘리는 데 한계가 있지.

꿩은 수풀이 우거진 곳에 땅을 파서 둥지를 만들어. 한 번에 10개 정도의 알을 낳는데, 약 21일 정도 품으면 새끼가 태어난단다. 꿩 새끼를 '꺼병이'라고 하는

▲ 장끼(왼쪽)와 까투리(오른쪽)의 모습이야. 장끼가 훨씬 화려하지?

데, 알에서 나오자마자 눈을 뜨고 온몸에 깃털도 나 있지. 꿩은 나무 열매와 풀씨, 곡식 등의 식물도 먹고, 메뚜기, 개미, 거미, 지네, 달팽이 같은 작은 벌레도 잡아먹고 살아.

꿩은 큰 몸집에 비해 날개가 짧아서 잘 날지 못해. 위험에 처했을 때도 높이 날지 못해서 뒤뚱뒤뚱 뛰어서 도망가거나 수풀에 머리만 처박고 가만히 있는단다. 화려한 장끼의 겉모습과는 왠지 어울리지 않지?

▲ 수탉(왼쪽)과 암탉(오른쪽)의 모습이야. 수탉은 암탉보다 몸집과 볏이 크단다.

하지만 장끼의 화려한 깃털이며 큰 덩치를 보면 얼마나 위풍당당한데요!

'꿩의다리'가 풀 이름이라고?

우리나라 들꽃 중에서는 '꿩의다리'라는 이름이 들어간 꽃이 많아. 곧게 자라는 줄기에 흰 꽃이 달리는 '꿩의다리'부터 보라색 줄기에 보라색 꽃이 피는 여러해살이풀 '금꿩의다리', 꽃잎이 없는 연한 보라색 또는 흰 꽃이 작은 원뿔꽃차례를 이루어 피는 '연잎꿩의다리', 흰색이나 홍자색 꽃이 피는 '참꿩의다리' 등 10여 종이 있지. 이 꽃들이 '꿩의다리'라는 이름을 가진 이유가 동물 꿩과 어떤 연관이 있는지는 정확하게 밝혀지진 않았어. 하지만 가는 줄기가 꿩의 다리 같다는 이유를 들기도 하고, 숲에 숨어 있어서 꿩처럼 눈에 잘 띄지 않는다는 이유를 들기도 한단다.

꿩의다리 　　　금꿩의다리

23

물이 깊어야 물고기가 논다

다시 읽는 우리 속담 04

옛날에 손이 단지처럼 크고 힘이 엄청 센 '단지손이'라는 아이가 살았어. 단지손이는 집채만 한 바위도 한 손으로 들고, 수백 년 된 커다란 나무도 단번에 잡아 뽑았지.

어느 날 단지손이가 부모님께 말했어.

"**물이 깊어야 물고기가 논다** 하였는데, 제 재주를 펼치고 살기엔 우리 마을이 너무 좁습니다. 더 큰 세상으로 나가겠습니다."

단지손이는 부모님께 큰절을 올리고 길을 나섰지.

얼마쯤 걸었을까? 숲의 나무들이 누웠다 일어났다 할 만큼 세찬 바람이 부는 거야. 바람이 불어오는 곳을 보니 콧구멍이 세숫대야만큼 큰 아이 하나가 걸어오는 게 아니겠어! 그 아이의 콧김이 세서 숲의 나무들이 휘청거린 거였어. 단지손이는 아이의 재주를 눈여겨보고 말을 걸었지.

"나는 힘이 센 단지손이야. 나와 함께 세상 구경하지 않겠는가?"

콧김 센 아이도 단지손이의 크고 단단한 손을 보고 심상치 않다 여겼어.

"난 '콧김손이'라고 하네. 재주 있는 친구끼리 함께하세."

얼마쯤 갔을까, 단지손이와 콧김손이는 지린내가 코를 찌르는 개울을 건너게 되었어. 알고 보니 한 아이가 눈 오줌이 개울을 이룬 거였지.

"나는 오줌발 하나는 끝내주는 '오줌손이'라네. 나도 끼워 주게나."

이번에는 저 멀리서 커다란 배를 이고 오는 '배손이'를 만났어. 배손이는 커다란 배를 갖고 다니며 큰 바다나 강을 건널 때 쓴다고 했지.

단지손이와 콧김손이, 오줌손이, 배손이가 함께 걷고 있는데 몸이 들썩거릴 정도로 땅이 쿵쿵 울리기 시작했어. 쿵쿵거리는 소리는 점점 가까워지더니 커다란 무쇠 신발을 신은 아이가 나타났어.

"나는 '무쇠손이'라고 하네. 나도 함께해도 되겠는가?"

이렇게 해서 단지손이, 콧김손이, 오줌손이, 배손이, 무쇠손이 다섯 친구는 힘을 합쳐 세상 구경을 다니기 시작했단다. 다섯 친구는 자신의 재주를 뽐내기도 하고 서로의 재주를 격려해 주면서 재미나게 다녔어.

어느 날, 다섯 친구는 날이 저물어 숲속의 외딴집에서 하룻밤 신세를 지게 되었어. 그런데 사실 그곳은 호랑이 소굴이었지. 호랑이들은 날이 새면 다섯 친구를 잡아먹으려고 방문 밖에서 군침을 뚝뚝 흘렸지.

날이 새고 다섯 친구가 아침 세수를 마치자마자 호랑이들이 서로 잡아먹겠다며 달려들었어. 하지만 다섯 친구가 가만 당하고 있을 리 있나.

단지손이가 먼저 호랑이 허리를 붙잡아 저 멀리 휙 던졌어. 나가떨어진 줄 알았던 호랑이들은 금세 일어나 다시 달려들었지. 그러자 이번엔 콧김

손이가 콧김을 휙 불어 호랑이들을 날려 보냈어. 저만치 날아갔던 호랑이들은 또 달려와 입을 쩍 벌렸어.

"그렇다면 이번에는 지린내 나는 물에 퐁당 빠뜨려 주마!"

오줌손이가 나서서 호랑이들에게 세찬 오줌을 뿜어 대기 시작했어. 오줌은 냇물이 되어 흐르다 큰 강을 이루었지. 호랑이들은 오줌 강물에서 허우적댔어. 그때 배손이가 강물에 배를 띄워 다섯 친구는 얼른 배에 올랐지. 무쇠손이는 배를 쫓아 헤엄쳐 오는 호랑이 머리를 무쇠 신으로 툭툭 내리쳐 더 이상 따라오지 못하게 만들었어.

그렇게 다섯 친구는 강으로, 바다로 멀리멀리 세상 구경을 떠났단다.

재주 많고 배짱 큰 단지손이 곁으로 훌륭한 친구들이 많이 모여들었지? 내 장점은 무엇이고 친구들은 나의 어떤 점을 좋아하는지 생각해 보자.

깊은 물속에는 어떤 물고기가 놀까?

심해에서 화려한 빛을 내는 '발광 해파리'야.

바다 저 깊은 곳에는 만화 영화에나 등장할 법한 물고기가 많이 있는 것 같아요.

　단지손이는 자신의 뛰어난 재주를 맘껏 발휘할 큰 세상으로 나아가고 싶었어. 단지손이가 재주와 덕을 갖추고 있으니 당연히 그에 어울리는 친구들도 하나둘 모이게 되었지.
　물이 깊어야 물고기가 잘 모여 논다는 말은 바로 단지손이와 친구들을 두고 하는 말이야.
　그럼 정말로 깊은 물속에서만 물고기가 잘 놀까? 실제로 너무 깊은 곳에서는 오히려 평범한 물고기들은 살기 힘들어. 특히 바닷속 저 깊은 곳은 생물이 살기에는 매우 험한 환경이란다.
　바다는 깊이에 따라 연안, 대륙붕, 대륙 사면, 심해, 해구 이렇게 여러 개 층으로 나뉘어. 물의 깊이가 200미터 이상 되는 심해부터는 빛은 물론 산소도 부족해서, 사람들은 생물이 살지 않을 거라 여겼지. 하지만 잠수정이 탐사를 시작하면서 아주 특별한 물고기들이 많이 살고 있다는 것을 밝혀냈단다. 그런데 심해에서 발견된 물고기들은 공통된 특징을 가지고 있어. 심해에 사는 물고기들은 높은 수압을 견디기 위해 매우 느린 속도로 헤엄을 쳐. 또 수압 때문에 눈이 튀어나온 물고기가 많아.
　심해에는 빛이 거의 없기 때문에 밝은색을 지닌 물고기가 많아. 앞을 잘 보려고 눈이 아주 크거나, 빛을 전혀 이용하지 않아 눈이 안 보일 정도로 작은 물고기도 많지. 또 무리를 짓고 짝짓기를 할 때 서로를 잘 알아보기 위해서나 적에게 위협을 주기 위해 빛을 내는 기관이 발달되어 있단다. 심해에는 먹이가 별로 없어 무엇이든 많이 먹고 많이 저장해

▲ '심해 아귀'는 머리의 뿔로 빛을 내어 먹이를 끌어들인단다.

▲ 투명해서 몸속 기관이 다 보이는 '투명 오징어'야.

▲ 심해에 사는 '고래상어'야. 입이 아주 크고 눈이 작지. 몸에 흰 점무늬와 줄무늬가 있어.

두기 위해 입과 위도 엄청 커. 살아가는 환경이 달라 진화되어 온 모양새가 다를 뿐이니 바다 괴물이라는 말로 놀리지는 말자!

생김새만 본다면 흥미를 끌 만하지만, 나름의 생존 전략으로 생겨 난 모습들이니 너무 겉모습에만 치우쳐 보지 않으면 좋겠어요.

심해 물고기의 먹잇감, 죽은 고래

심해는 빛도 거의 없고 태양의 열도 잘 닿지 않아 물의 온도가 매우 낮아. 그래서 먹이가 늘 부족하지. 심해에 사는 물고기들이 척박한 환경에 맞추어 진화되어 오기는 했지만, 운이 좋을 때는 커다란 먹이를 힘들이지 않고 얻을 수도 있어. 바로 죽은 고래가 가라앉을 때야. 커다란 고래의 몸은 피부, 살점, 내장, 뼈 할 것 없이 여러 물고기들에게 유용한 먹이로 쓰이지. 여러 물고기들에게 다 뜯기고 남은 뼈에 암초가 자라 물고기들에게 숨을 곳을 제공하기도 한단다.

29

다시 읽는 우리 속담 05

굼벵이도 구르는 재주가 있다

어느 산골 마을에 부지런한 어머니와 게으른 아들이 살았어. 하루는 어머니가 아들에게 볏짚 한 단을 주며 새끼라도 꼬라 일렀어. 하지만 아들은 해가 저물도록 겨우 새끼 한 가닥을 꼬았지. 어머니는 머리 꼭대기까지 화가 났어.

"게으른 녀석 같으니, 이제부터 네가 나가서 벌어 먹거라."

아들은 새끼 한 가닥을 들고 털레털레 걸었어. 얼마쯤 가다 항아리 장수를 보았는데, 지게에 쌓인 항아리들이 금세 쏟아질 것 같은 거야. 아들은 새끼로 항아리를 단단히 묶어 주고는 항아리 하나를 얻었지.

다시 길을 가는데 우물가에서 한 아낙이 깨진 물 항아리를 안고 울고 있었지. 아들은 아낙에게 새 항아리를 주고 쌀 한 자루를 얻었단다.

쌀 한 자루를 지고 가던 아들은 당나귀 장수를 만났어. 당나귀 장수는 죽은 당나귀 한 마리를 주는 대신 쌀을 달라고 했지. 아들이 죽은 당나귀를 싣고 얼마쯤 가는데 이번에는 산적이 나타났어.

"내가 호랑이를 한 마리 잡았는데 네 당나귀랑 바꾸겠느냐?"

호랑이가 훨씬 값이 나가는 짐승이니, 누구라도 그러자 했겠지. 하지만 산적이 준 것은 죽은 처녀였어. 아들은 그것도 모르고 죽은 처녀가 들어 있는 거적을 지게에 실었단다.

얼마쯤 갔을까, 숲에서 화살 하나가 날아와 거적에 꽂히는 거야. 조금 뒤 사냥복을 입은 임금이 신하들과 나타났어. 아들이 괜찮다며 거적을 푸는데 호랑이가 아닌 처녀가 누워 있지 않겠어! 임금은 자신이 쏜 화살에 아들의 부인이 죽은 줄 알고 자신의 딸을 주겠다 했어. 얼떨결에 임금의 딸과 결혼한 아들을 보고 어머니가 말했어.

"굼벵이도 구르는 재주가 있다더니 네게도 이런 재주가 있었구나!"

게으른 아들이 가진 재주는 무엇일지 한번 생각해 보렴.

구르지 않는 굼벵이도 있을까?

풍뎅이 애벌레와 풍뎅이의 모습이야.

꽃무지 애벌레와 꽃무지란다.

굼벵이는 여러 곤충의 애벌레를 뜻하는 말이군요.

굼벵이는 '굼뜬 벌레'라는 뜻의 이름만큼이나 고물고물 천천히 움직여. 그런데 굼벵이도 위험에 처하면 옆으로 데굴 구른다는 것을 아니? 그래서 아무리 느려 터진 굼벵이도 구르는 재주가 있다고 하는 거야. 아무것도 할 줄 모르는 것 같던 게으름뱅이 아들이 임금의 사위가 된 것처럼 말이야. 그렇다고 모든 굼벵이가 구를 수 있는 건 아니야. 굼벵이 종류마다 조금씩 다르거든.

굼벵이 중에는 풍뎅이나 꽃무지의 애벌레인 굼벵이와 매미 애벌레인 굼벵이가 있어. 다시 말해, 굼벵이가 다 자라면 풍뎅이나 꽃무지, 매미 같은 멋진 곤충이 되는 거지. 풍뎅이와 꽃무지의 애벌레는 모두 흰 몸통에 씹어 먹기 좋은 주둥이를 가지고 있는데, 기어 다니는 모습은 조금 달라. 풍뎅이 애벌레는 앞으로 기어 다니지만 꽃무지 애벌레는 등은 아래로, 배를 하늘로 향한 채로 빠르게 기어 다니지. 매미 애벌레는 오랜 시간 땅속에서 나무뿌리의 즙을 빨아 먹고 살다가 매미가 되려고 올라와. 매미 애벌레는 갈색 몸에 즙을 빨아 먹기에 좋은 주둥이를 가지고 있지. 이 매미 애벌레가 바로 구르지 않는 굼벵이야. 아무리 공격을 받아도 구르지 않고, 기껏 해야 느릿느릿 걷거나 기어오르는 정도이지.

풍뎅이와 꽃무지 애벌레는 어른벌레의 모습과 전혀 다른 반면, 매미는 애벌레 시절부터 매미의 모습을 띠고 있단다.

매미 애벌레와 매미의 모습이야. 서로 닮았지?

사랑을 갖고 보면 굼벵이들만의 개성이 모두 보이지요. 아는 만큼 사랑하게 되거든요.

 ### 굼벵이와 비슷한 누에

굼벵이와 비슷한 생김새를 가진 곤충이 또 있어. 바로 누에야. 누에도 짤따랗고 통통한 몸에 여러 개의 짧은 다리로 느릿느릿 기어 다니지.
누에는 누에나방의 애벌레로, 아주 특별한 재주를 가지고 있어. 뽕나무 잎을 먹고사는 누에는 입에서 실을 내어 둥근 고치를 짓고 그 안에 들어가 번데기가 돼. 이때 사람들은 고치를 따다 끓는 물에 집어넣고 실을 자아내는데, 이 실이 바로 명주실이란다.
누에를 기르는 일을 '양잠'이라고 하는데, 옛날에는 양잠이 나라의 큰 사업이 될 만큼 중요한 일이었어.

▲ 뽕나무 잎을 먹는 누에
▶ 누에고치

다시 읽는 우리 속담 06

도토리 키 재기

깊은 산속에서 호랑이, 토끼, 두꺼비가 모여 놀고 있었어. 그때 어디선가 팥떡이 든 시루 하나가 데굴데굴 굴러 내려오지 뭐야. 셋은 서로 먹겠다며 다퉜어. 그러다 호랑이가 말했지.

"자, 우리 중에서 나이가 가장 많은 이가 떡을 먹기로 하자."

토끼와 두꺼비도 그러자 했지. 먼저 호랑이가 말했어.

"내 나이로 말할 것 같으면, 세상에 하늘이 생겨날 때 사다리를 타고 올라가 망치로 콩콩 쳐서 하늘에 별을 달았다네. 흠흠!"

그러자 토끼가 웃으며 말했지.

"나는 자네가 타고 올라간 그 사다리를 백 년 전에 만들었다네."

호랑이는 아차 싶었지. 그때 갑자기 두꺼비가 꺼이꺼이 우는 거야!

그런데 짧은 다리로 눈물을 훔치던 두꺼비가 배를 쥐고 웃으며 말했어.
"자네들 말을 듣고 있자니 **도토리 키 재기**를 하는 것 같아 눈물이 날 정도로 웃음이 났네그려. 자, 내 나이 자랑 한번 들어 보겠는가? 내게 아들이 셋 있는데, 첫째는 별이 달린 은하수를 삽으로 직접 팠다네. 둘째가 심은 은행나무로는 호랑이 자네가 별을 달 때 쓴 망치의 자루를 만들었지. 그리고 토끼 자네가 만들었다는 사다리는 우리 셋째가 심은 삼나무였어. 그러니 어찌 내가 자네들과 나이를 비교하겠는가, 껄껄!"
두꺼비는 자랑을 마치더니 떡시루에 든 떡을 꿀꺽 삼켰단다. 그런데 떡을 너무 급하게 먹다 떡고물이 등에 붙어 두꺼비 등이 우둘투둘해졌다는구나!

만약 두꺼비가 가장 먼저 나이 자랑을 했다면 어떻게 됐을까?

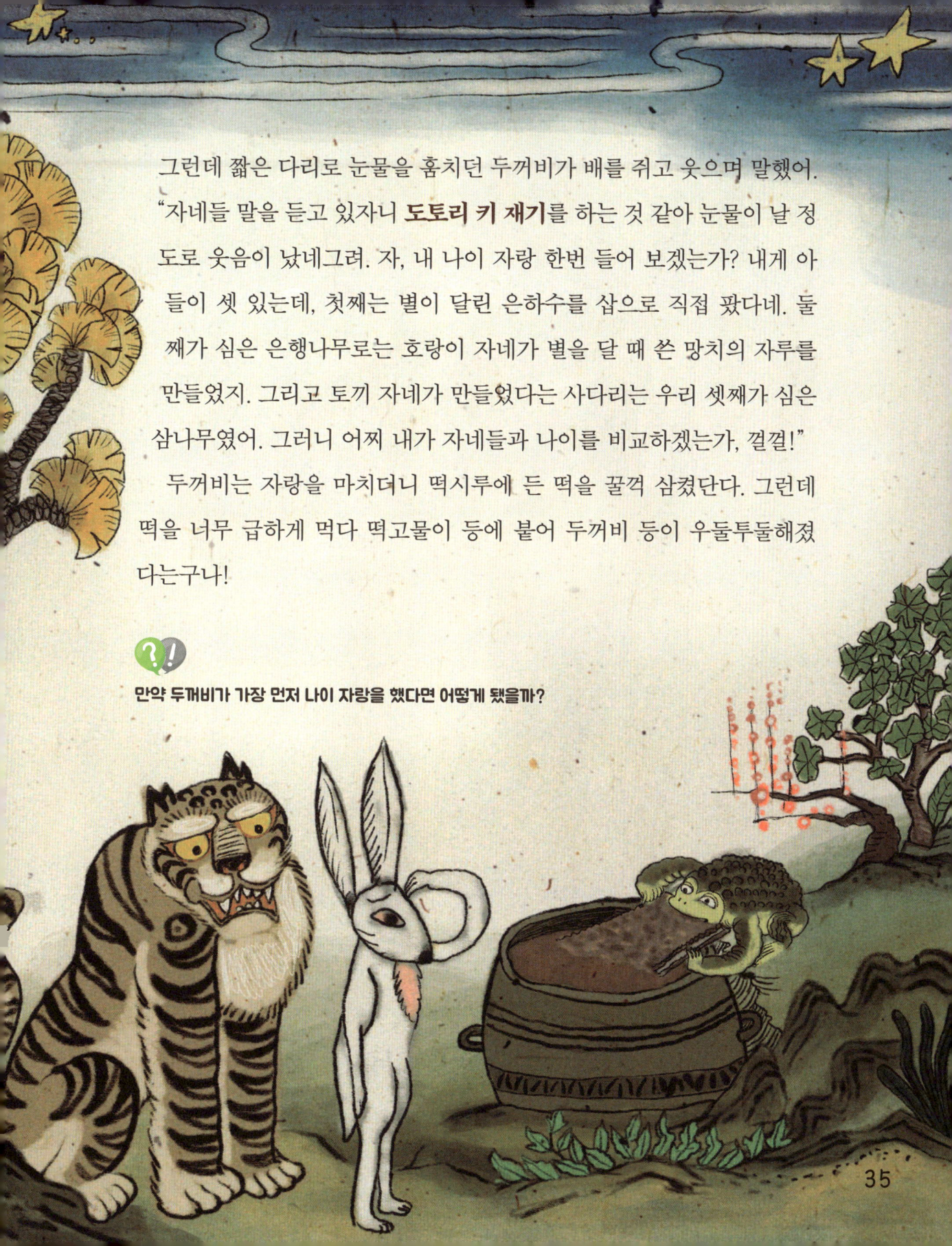

도토리는 키가 얼마나 될까?

▲ 위로 곧게 자라는 상수리나무야.

▲ 참나무 열매인 도토리란다.

도토리는 작지만 참 고마운 열매군요.

　몸 크기가 가장 작은 두꺼비가 호랑이와 토끼를 앞에 두고 '도토리 키 재기'라고 말하니 좀 웃기지?
　도토리 크기는 어른 엄지손가락 한 마디 정도인데, 엎드린 두꺼비의 키가 도토리 2~3개 높이밖에 안 될 거야. '도토리 키 재기다'라는 속담에서 도토리는 작은 것을 뜻해. 그렇다고 도토리를 얕볼 수 없지. 도토리는 커다란 참나무의 열매이자 씨앗이거든. 참나무는 갈참나무, 졸참나무, 물참나무 등 종류가 많은데 숲속 동물들에게 이로운 나무란다.
　참나무는 많은 곤충의 보금자리이고, 참나무의 열매인 도토리는 다람쥐나 청설모, 새 같은 동물들에게 아주 유용한 먹이가 되지. 특히 다람쥐는 겨울을 나기 위해 도토리를 땅속 여기저기에 묻어 두는데, 다람쥐가 깜빡 잊은 도토리는 그대로 자라서 참나무가 돼. 그렇게 땅에 묻혔거나 가을이 되어 땅에 떨어진 도토리는 흙 속의 물기를 빨아들여 부풀어. 그러다 도토리의 껍질이 터지고 싹이 나와 땅속에 다시 뿌리를 내리는 거야. 하지만 땅에 떨어진 도토리가 모두 뿌리를 내리는 건 아니야. 벌레 먹은 도토리나 기름지지 못한 땅에 떨어진 도토리는 썩어 버리거든. 땅에 뿌리를 내린 도토리는 따뜻한 봄이 되면 줄기가 자라기 시작하고 줄기 끝에 곧바로 본잎이 달려. 1년 정도 자란 참나무는 줄기가 가늘고 잎도 여리지만, 3년 정도 자라면 어린아이 키만큼 자라고, 10년이 되면 4미터 가까이 자란단다. 참나무는 햇빛을 많이 받으려고 위를 향해 곧게 자라지. 그러다 몇 년 정도 지나면 꽃도 피우고 도토리도 맺을 수 있게 된단다.

맞아요. 도토리는 커다란 나무가 되어 숲을 지켜 주는 참나무의 소중한 씨앗이지요.

 여러 종류의 참나무

우리나라에서 볼 수 있는 참나무는 떡갈나무, 신갈나무, 굴참나무, 상수리나무, 졸참나무, 갈참나무 등이 있어. 이 나무들은 잎과 열매, 나무껍질의 생김새가 조금씩 다르지. 사는 곳도 조금씩 다른데, 신갈나무는 주로 높은 산에 살아. 졸참나무, 굴참나무, 갈참나무, 상수리나무는 따뜻한 곳을 좋아해서 사람이 사는 곳, 즉 우리 주변에서 쉽게 볼 수 있지. 특히 상수리나무가 대표적이란다.

 여러 참나무의 잎과 도토리

신갈나무 　　　 상수리나무 　　　 떡갈나무

빛 좋은 개살구

유민이는 엄마와 함께 가방을 사러 시장에 갔어. 학원이나 도서관에 갈 때 메고 다닐 가벼운 가방이 필요했거든.

"엄마, 우리 반 혜정이 가방처럼 고양이 캐릭터 가방 살까요? 아냐, 만화 캐릭터가 그려진 가방으로 살까요?"

쉴 새 없이 이야기하는 유민이에게 엄마가 한마디 했어.

"유민아, 겉만 보고 고르면 안 돼. 편리하고 쓰기 좋아야지."

유민이는 엄마의 말을 듣는 둥 마는 둥했어. 시장에 도착해 들어간 가방 가게에서 유민이는 해골 모양이 그려진 가방을 가리키며 졸랐어.

"엄마, 이 가방 너무 맘에 들어요. 이거 사 주세요!"

"이건 다른 학용품 넣을 칸이 없잖아. **빛 좋은 개살구**네. 이건 어때?"

엄마가 꼼꼼히 가방 안을 살펴보며 다른 가방을 골라 줬어. 하지만 유민이는 엄마가 골라 준 가방은 촌스럽다며 끝까지 고집을 부렸지.

다음 날, 유민이는 신나게 학원 갈 준비를 했어. 새 가방에 책이랑 필통을 넣고, 친구들과 먹을 초코 케이크랑 음료수도 담았지. 새 가방을 멘 유민이는 기분 좋게 팔짝팔짝 뛰면서 학원까지 갔어. 가방을 책상 위에 올려놓고 책을 꺼내는데, 어쩜 좋아! 음료수가 새서 책은 젖어 있고, 케이크 크림이 여기저기 묻어 있는 거야. 새 가방 구경을 한다며 빙 둘러싸고 있는 친구들 사이에서 창피해 쥐구멍에라도 들어가고 싶었지.

물건이나 사람의 겉모습만 보고 판단했다가 낭패를 본 적이 있니?

가람 박사의 생태 이야기
살구랑 개살구는 어떻게 다를까?

식물 이름에 '개' 자가 들어가니 뭔가 안 좋은 것처럼 들려요.

유민이가 산 가방은 보기에는 좋았지만 실용적이지 못했어. 보기는 좋지만 맛이 없는 '개살구'처럼 말이야. 그럼 개살구는 도대체 어떤 맛일까? 아마 살구를 먹어 본 적은 있을 거야. 잔털로 덮인 얇은 껍질을 벗겨 내면 향긋하고 부드러운 살이 드러나지. 맛은 달콤하면서도 은은하게 신맛이 나. 하지만 개살구는 단맛은 적은 대신 시고 떫은맛이 강해. 그래서 과일로 먹기보다는 약으로 많이 쓰인단다.

이처럼 식물 이름 앞에 붙은 '개' 자는 '질이 떨어지고 흔하다.' 또는 '야생의 상태다.' 등의 뜻을 담고 있어. 살구는 재배되는 경우가 많지만 개살구는 산과 들에서 볼 수 있지. 개살구말고도 '개' 자가 붙은 식물들이 여럿 있어. '개머루'는 나무나 열매의 생김새가 머루랑 비슷해. 하지만 머루가 시고 단맛을 가지고 있어 과일로 제 역할을 하는 반면, 개머루는 먹지 못해.

연못 위에 탐스럽게 핀 연꽃을 본 적이 있지? 연꽃은 물속에 사는 식물로, 잎사귀와 꽃이 물 위에 떠 있어. '개연꽃'도 물속에 사는 식물인데, 연꽃에 비해 꽃의 크기가 매우 작아. 개연꽃만 놓고 보면 노란 꽃이 앙증맞아 보이는데, 탐스러움으로 치면 연꽃에 한참 못 미치지.

'개박하'는 박하와 생김새가

살구나무의 열매인 살구야. 날로 먹거나 음료나 잼 등의 재료가 되기도 해. 살구 씨는 약으로 많이 쓰인단다.

▲ 박하 잎은 향기가 좋아 사탕, 껌, 음료 등에 두루 쓰여.

▲ 개박하는 '돌박하'라고도 불리지.

이름에 '개' 자가 들어간 식물이 모두 쓸모없고 볼품없는 건 아니에요. 나름의 쓰임이 많답니다.

달라. 박하는 여러해살이풀이지만 개박하는 한해살이풀로 식물의 생장 구조도 다르지. 하지만 박하와 비슷한 향기가 난다고 하여 '개박하'라는 이름을 갖게 되었단다.

식물 이름 앞에 붙는 글자 뜻

'개살구'의 '개'처럼 식물 이름 앞에 특정한 글자를 붙여 식물의 특징을 나타내는 경우가 많아. '갯고들빼기', '갯그령'의 '갯'은 바닷가 또는 습한 땅에서 나는 식물을 가리켜. '애기풀', '애기냉이'처럼 작고 왜소한 느낌의 식물에는 '애기'라는 글자를 붙이기도 해. '도깨비쇠고비'나 '도깨비부채'처럼 '도깨비'라는 글자가 이름 앞에 붙으면 잎이나 열매가 크거나 무섭다는 뜻이야. 섬 지역에서만 사는 식물을 가리킬 때는 '섬'자를 붙여. 울릉도에서 볼 수 있는 '섬댕강나무', '섬초롱꽃' 등을 예로 들 수 있지. 또 '미국쑥부쟁이', '유럽점나도나물'처럼 외래종은 식물 이름 앞에 나라 또는 지역 이름을 붙이기도 한단다.

미국쑥부쟁이

41

다시 읽는 우리 속담 08

하룻강아지 범 무서운 줄 모른다

옛날 한 부인이 아기를 가지자 힘센 아들을 낳고 싶어서 소 열 마리를 먹었어. 그런데 낳고 보니 딸인 거야. 다시 둘째를 가지고 소를 아홉 마리째 먹었는데, 번뜩 꿈 생각이 났어.
"꽃에 나비가 날아오는 꿈을 꾸었으니 이번에도 딸이야."
그래서 부인은 소를 아홉 마리만 먹고 아기를 낳았는데, 그토록 바라던 아들이지 뭐야. 어쨌든 부인은 아들이 태어나 좋기만 했어. 그리고 아들에게 '전강동이'라고 이름 지어 주었지. 하지만 전강동이는 자라면서 걸핏하면 힘자랑에 시비 걸기 일쑤였어. 더구나 어머니가 누나보다 자신을 훨씬 좋아하는 것을 알고는 더 기세등등했지.

어느 날 참다 못한 누나가 뒷산으로 전강동이를 불렀어.

"이 녀석, **하룻강아지 범 무서운 줄 모른다**더니! 내가 너보다 힘이 약해 지금껏 당한 줄 알아? 누나라서 참아 주었는데 더는 안 되겠다."

"쳇, 누나가 힘이 세 봤자 얼마나 세다고!"

누나는 씨름으로 대결하자고 했어. 둘은 서로의 바지춤을 움켜쥐었어. 전강동이가 안다리며 바깥다리를 걸어 봐도 누나는 꿈쩍하지 않았지.

"자, 업어 치기 간다!"

누나는 전강동이를 힘껏 둘러메쳐서 땅에 꼬라박았어. 전강동이는 누나와의 씨름 대결에서 진 뒤로 다시는 힘자랑을 하지 않았단다.

혹시 나의 재주와 힘을 제대로 파악하지 못하고 함부로 나서거나 잘난 척한 적은 없니?

가람 박사의 생태 이야기
호랑이도 한때는 귀여웠다고?

▲ 호랑이가 새끼를 돌보는 모습이야. 새끼의 이동이나 배변 활동을 돕고 털 고르기를 해 주지.

하룻강아지는 태어난 지 얼마나 된 강아지를 뜻하나요?

　전강동이가 자신의 힘만 믿고 까불다가 누나에게 혼쭐이 난 모습이 왠지 통쾌하지? 전강동이가 태어난 지 얼마 안 된 하룻강아지라면, 전강동이보다 훨씬 힘이 센 누나는 늠름한 호랑이라고 할 수 있지.
　호랑이라면 크고 탄탄한 몸매에 강렬한 줄무늬, 날카로운 발톱과 강한 이빨, 부리부리한 눈동자를 먼저 떠올릴 거야. 그렇다면 호랑이는 태어날 때부터 맹수의 기운이 철철 흐를까?
　모든 동물의 새끼가 그렇듯, 호랑이도 새끼일 때는 매우 귀엽단다. 어미 호랑이가 임신을 하고 약 100~110일 정도가 지나면 새끼 호랑이가 태어나. 호랑이는 보통 한 번에 2~4마리의 새끼를 낳기 때문에 호랑이 새끼들은 형제들과 어울리며 자라지. 갓 태어난 호랑이도 줄무늬는 있어. 하지만 눈도 뜨지 못하고 몸무게는 겨우 1킬로그램 정도야. 태어난 지 1~2주가 지나야 눈을 뜨고, 4~5주가 지나야 걷기 시작한단다.

어미 젖을 먹고 자라다 태어난 지 3개월 정도가 지나면 어미가 사냥한 고기를 먹기 시작하지만, 부드러운 살점을 주로 먹어. 7개월 정도가 되면 사냥 연습을 하는데 처음에는 허탕을 치기 일쑤야. 사냥 연습은 주로 형제들과 서로 뒤엉켜 물고 할퀴며 어미가 사냥하는 모습을 흉내 내는 정도이지. 어미는 새끼 호랑이가 두 살이 될 때까지 데리고 다니며 살아가는 법을 가르쳐. 그리고 새끼 호랑이가 독립할 때까지 정성껏 돌보지. 2년 정도 지나 독립을 할 때가 되면, 더 이상 귀여운 호랑이가 아닌 용맹한 호랑이로 살아간단다.

▲ 새끼 호랑이 형제들이 놀이를 하고 있어.

암컷 호랑이와 수컷 호랑이

호랑이 암컷과 수컷의 다정한 모습이야.

사자는 갈기가 있느냐 없느냐를 보면 되기 때문에 암컷과 수컷의 구분이 매우 쉬워. 사자는 수컷만 멋진 갈기를 가지고 있거든. 그런데 호랑이는 암컷과 수컷이 비슷하게 생겨서 구별하기가 쉽지는 않아. 하지만 자세히 보면 수컷이 암컷보다 몸집이 큰 것을 알 수 있어. 또 수컷이 암컷에 비해 훨씬 긴 송곳니와 콧수염을 가지고 있단다.

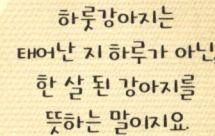

하룻강아지는 태어난 지 하루가 아닌, 한 살 된 강아지를 뜻하는 말이지요.

다시 읽는 우리 속담 09

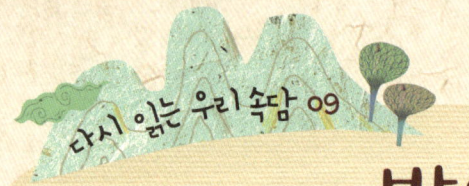

새 발의 피다

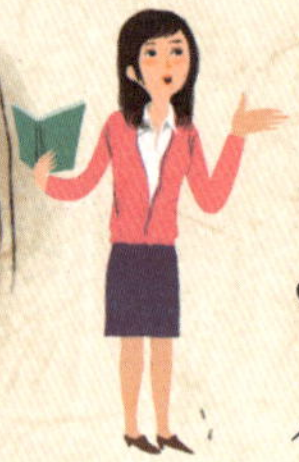

전라도 한 고을에 덕진이라는 여자아이가 살았어. 덕진이는 어찌나 착한지 마을의 궂은일도 마다하지 않고 나서고, 불쌍한 사람을 보면 그냥 지나치는 법이 없었지. 한편 덕진이네 고을의 사또는 욕심 많고 심술궂기로 으뜸이었어. 고을 사람들의 어려움은 뒤로 하고 자기 잇속만 챙겼지. 풍년일 때는 풍년이라고, 흉년이면 또 흉년이라고 세금을 악착같이 걷었어. 세금은 사또의 곳간으로 들어가기 바빴지.

그런데 어느 날 밤, 까만 두루마기를 입은 저승사자가 나타나 잠든 사또를 깨웠어.

"사또 양반, 나랑 갈 데가 있으니 어서 일어나게나."

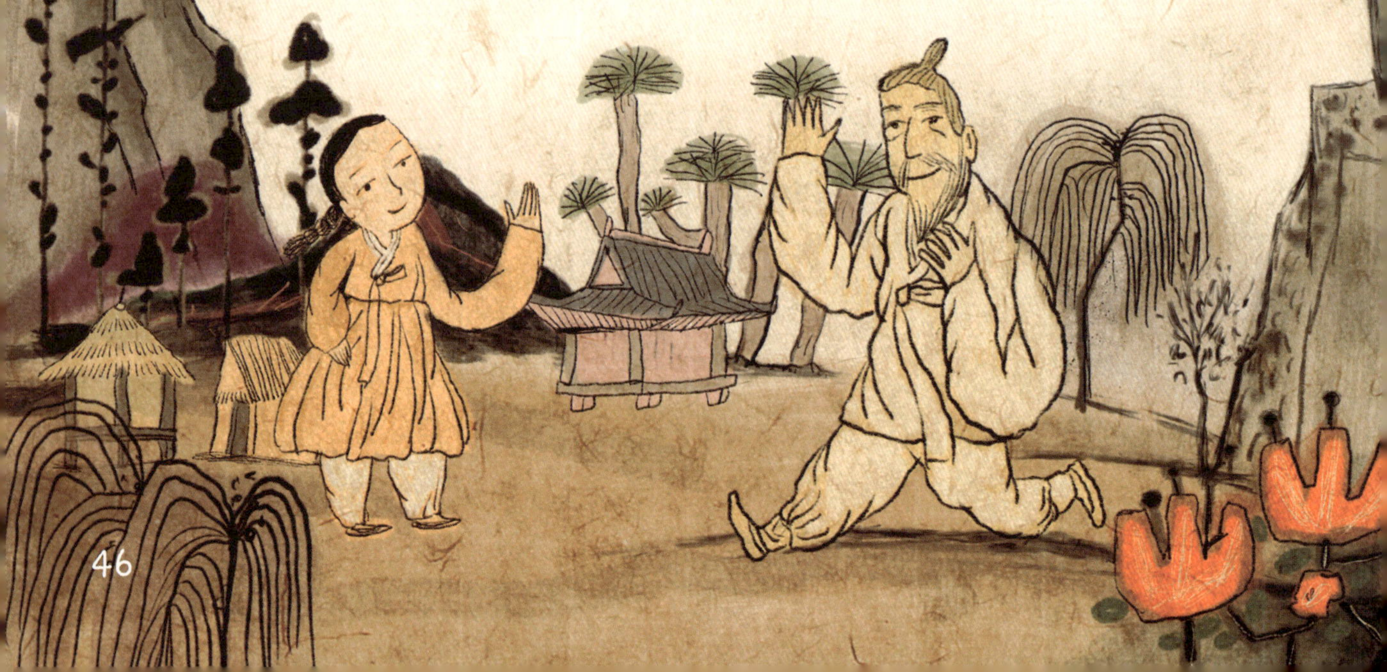

사또는 저승사자를 보고 얼굴이 파랗게 질렸어. 그런데 실은 저승사자가 이웃 마을 병든 할아버지를 데리고 가야 하는데, 실수로 이름이 비슷한 사또를 잘못 데려간 거야. 염라대왕 앞에 온 사또는 억울하다며 말했어.

"염라대왕님, 부디 저를 다시 이승으로 돌려보내 주십시오. 그 많은 재산을 두고 이렇게 허망하게 죽을 수 없습니다."

염라대왕은 장부를 찬찬히 보고서야 저승사자가 실수했다는 것을 알고는, 사또를 다시 이승으로 되돌려 보내기로 했지. 대신 쌀 삼백 섬을 내놓고 가라는 거야. 사또는 저승사자와 함께 사또의 저승 창고로 갔어. 하지만 살면서 착한 일이라고는 한 적이 없는 사또의 저승 창고에는 낱알 하나 달리지 않은 벼 이삭 하나만 나뒹굴고 있지 뭐야.

사또가 이렇게는 못 죽는다며 애걸복걸하자 저승사자가 말했어.

"자네와 한 고을에 사는 덕진이의 창고에는 쌀이 그득할걸세. 덕진이에 비하면 자네 창고의 쌀은 **새 발의 피**지. 덕진이 창고에서 쌀을 빌려 내게나. 대신 고을에 가서 반드시 빚진 쌀을 갚아야 해."

사또는 덕진이의 창고에서 쌀 삼백 섬을 빌려 염라대왕에게 내고 이승으로 왔어. 그리고 저승사자가 또 찾아올까 겁이 나 얼른 달구지에 쌀을 싣고 덕진이를 찾아갔지. 사또는 덕진이네 집 마당에 쌀을 내려놓았어.

"덕진아, 내가 이러저러하여 저승에 다녀왔는데, 저승에 있는 네 창고에서 쌀 삼백 섬을 빌려 썼기에 이렇게 갚는 것이다."

저승은 뭐고 창고는 뭔지, 덕진이는 얼른 알아듣지 못했어. 사또가 찬찬히 설명한 후에야 고개를 끄덕였지. 그런데 덕진이는 쌀을 마다했어.

"사또님 뜻은 잘 알겠어요. 허나 제가 대가를 바라고 누군가를 도운 건 아니에요. 또한 저승에 있다는 제 창고와 쌀을 제가 본 것도 아니니 갚으라 할 수 없습니다. 꼭 갚으셔야겠다면, 그 쌀을 고을을 위해 써 주세요."

사또가 어찌해야 할지 몰라 꾸물거리고 있자 덕진이가 일렀지.

"우리 마을에서 이웃 마을로 가려면 개울을 건너야 하는데, 영 번거롭습니다. 개울 위에 다리를 놓아 주시면 고을 사람들 모두 편하겠지요?"

사또는 덕진이 말대로 쌀 삼백 섬 값으로 고을 앞 개울 위에 다리를 하나 세우고 이름을 '덕진다리'라고 지었단다.

누군가를 돕는 일에서 오는 행복은 대가나 칭찬을 받기 위해서가 아닌, 진심에서 우러나올 때 느끼는 것이란다.

가장 발이 작은 새는?

벌새는 작은 고추가 맵다는 속담에 어울리는 새 같아요.

사또의 저승 창고에 든 벼 이삭 하나처럼, 아주 하찮은 일이나 매우 적은 분량을 이야기할 때 '새 발의 피다'라는 속담을 써. 그럼 실제로 새의 발을 본 적이 있니? 새가 크든 작든 새의 발은 살이 거의 없을 정도로 앙상해. 우리가 쉽게 먹을 수 있는 닭발 요리를 떠올려 봐도 알 수 있을 거야. 조류 중에서는 제법 큰 닭도, 발에 살은 없고 껍질과 뼈뿐이잖아. 그 안에 피가 들어 있어 봐야 얼마나 있을까? 더구나 세상에서 가장 작은 새로 알려진 벌새의 발에 피가 난다고 하면 정말 적은 양일 거야. 벌새는 종에 따라 조금씩 다르기는 하지만 몸길이가 작게는 5센티미터부터 크게는 21센티미터 정도야. 벌새는 날갯짓이 매우 빠르다는 특징도 가지고 있어. 대체로 1초에 50~70번 정도 날개를 파닥거려서 날 때 늘 윙윙대는 소리를 낸단다. 빠른 날갯짓 때문에 작은 몸집에도 바람의 영향을 거의 받지 않고 날아다닐 수 있지.

▲ 새의 종류에 따라서 발의 모양, 크기, 색깔 등이 다양하단다.

벌새는 몸집은 작지만 활동량이 워낙 많아서 곤충이나 거미, 꽃의 꿀처럼 영양분이 많이 들어 있는 것을 즐겨 먹어. 벌새에게 꿀은 에너지를 내는 데 매우 효과적인 먹이란다.

벌새는 꿀을 먹을 때에도 날갯짓을 멈추지 않아. 날개를 빠르게 움직여 공중에 멈춰서 떠 있으면서 꿀을 먹지. 벌새는 나는 기술도 매우 뛰어나. 앞으로, 뒤로, 위로, 아래로 날기, 공중에서 제자리에 멈춰 서 있기 등 부릴 수 있는 재주도 많고 속도도 엄청 빠르지. 보통 때는 시속 48~54킬로미터 정도로 날고, 밑으로 내려갈 때는 그 두 배 정도의 속도를 낸단다.

날갯짓을 하는 벌새의 모습이야.

작은 몸으로 살아가려니 갖추어야 할 재주가 많아진 셈이지요.

날 수 있는 새 중 가장 큰 앨버트로스

벌새가 작지만 빠른 날갯짓으로 유명다면, 앨버트로스는 큰 몸집에 바람을 이용한 비행으로 유명해. 앨버트로스는 날 수 있는 새 중에서 가장 큰 새로 꼽힌단다. 가만히 있을 때는 몸 크기가 93센티미터 정도이지만 큰 날개를 활짝 펴면 3.8미터에 이르지.

땅 위에 있을 때는 발에 달린 물갈퀴 때문에 뒤뚱뒤뚱 우스꽝스럽게 걷지만, 높은 곳에 올라가 바람을 타고 날기 시작하면 멈추지 않고 46일까지도 난단다. 먹이를 먹으면서도 자면서도 날지. 그러다 힘들면 바다 위에 떠서 쉬어. 하지만 앨버트로스는 그 수가 매년 줄어들고 있어서 국제보호조로 정해졌단다.

앨버트로스는 거위와 비슷하게 생겼어.

다시 읽는 우리 속담 10
미꾸라지 한 마리가 온 강물을 흐린다

한 할아버지가 심심풀이로 밥풀을 조물조물하여 작은 인형을 만들었어. 그런데 인형이 움직이더니 집 안에 있던 바늘이며 인두며 쇠로 된 문고리를 철컥철컥 먹지 않겠어!

할아버지는 인형에게 '불가사리'라는 이름을 붙여 주고 귀엽다며 주머니에 넣고 다녔지. 하지만 불가사리는 부엌에 있는 숟가락과 젓가락, 놋그릇을 먹어 치우고, 헛간에 있는 도끼와 낫, 곡괭이 같은 농기구도 씹어 삼켰지. 쇠를 삼킬수록 불가사리의 몸집은 더 커졌어. 불가사리는 할아버지 집에 먹을거리가 다 떨어지자 마을로 나갔어.

"불가사리야, 안 돼. 돌아와! 내가 어쩌다 저런 괴물을 만들었을꼬."

불가사리는 집집마다 다니며 쇠붙이들을 먹고 이웃 마을까지 건너가 쇠를 먹어 치웠어. **미꾸라지 한 마리가 온 강물을 흐리듯** 불가사리 하나

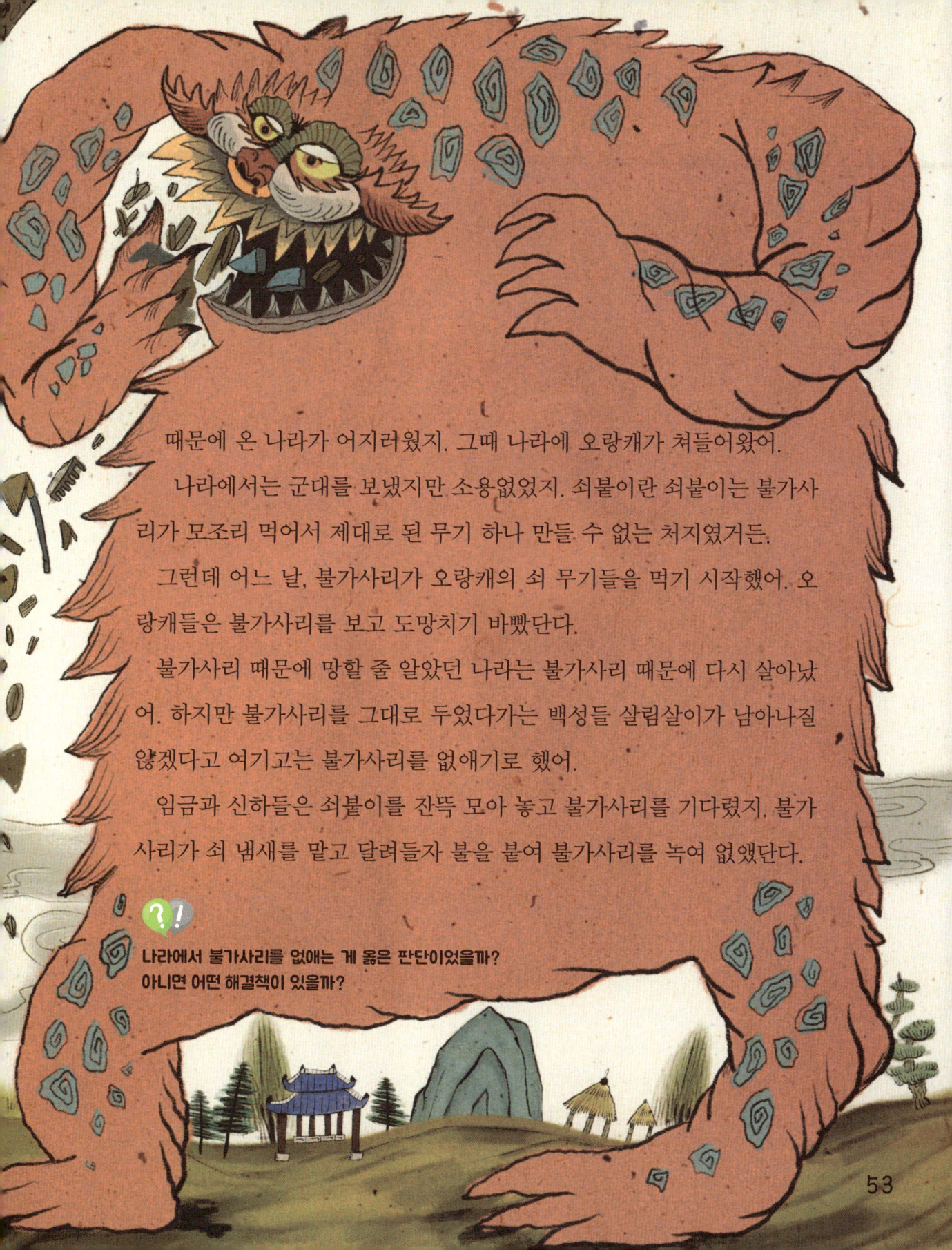

때문에 온 나라가 어지러웠지. 그때 나라에 오랑캐가 쳐들어왔어.

나라에서는 군대를 보냈지만 소용없었지. 쇠붙이란 쇠붙이는 불가사리가 모조리 먹어서 제대로 된 무기 하나 만들 수 없는 처지였거든.

그런데 어느 날, 불가사리가 오랑캐의 쇠 무기들을 먹기 시작했어. 오랑캐들은 불가사리를 보고 도망치기 바빴단다.

불가사리 때문에 망할 줄 알았던 나라는 불가사리 때문에 다시 살아났어. 하지만 불가사리를 그대로 두었다가는 백성들 살림살이가 남아나질 않겠다고 여기고는 불가사리를 없애기로 했어.

임금과 신하들은 쇠붙이를 잔뜩 모아 놓고 불가사리를 기다렸지. 불가사리가 쇠 냄새를 맡고 달려들자 불을 붙여 불가사리를 녹여 없앴단다.

나라에서 불가사리를 없애는 게 옳은 판단이었을까?
아니면 어떤 해결책이 있을까?

가람 박사의 생태 이야기
미꾸라지는 왜 맑은 물을 흐릴까?

물속 흙바닥 위의 미꾸라지야. 공기 호흡을 위해 가끔 수면 위로 올라오기도 하지.

동물이 들어간 속담을 보면, 사람 입장에서 만든 게 많다는 것이 느껴져요.

 맑았던 강물이 요리조리 헤엄치는 미꾸라지 한 마리 때문에 진흙탕이 되는 것처럼, 평온했던 나라가 쇠를 먹는 불가사리 때문에 어지러워지고 말았어.
 미꾸라지는 진흙이나 모래가 깔려 있으면서 물이 느리게 흐르거나 고여 있는 곳에 주로 살아. 그래서 연못가나 논두렁, 저수지, 강 하류 같은 곳에서 쉽게 볼 수 있지. 손으로 잡으려고 하면 미끌미끌한 몸을 움직여 쏙쏙 잘 피해 다녀. 그런 이유로 이리저리 잘 도망치는 사람을 '미꾸라지 같다.'라고 말하기도 해. 왠지 모르게 얄미운 느낌을 주기도 하지. 그런데 왜 미꾸라지는 맑은 물을 흐리고 다니는 걸까? 그건 미꾸라지의 먹이와 습성 때문이야. 미꾸라지는 흙바닥 속에 숨은 작은 벌레를 잡아먹거든. 그러자면 흙 속을 파헤쳐야 되는데, 그때 맑았던 물이 흙탕물이 되고 마는 거지. 또 미꾸라지는 살던 곳이 가뭄이 들면 진흙 속에 숨기도 하고, 헤엄치다 힘들면 진흙 속으로 들어가 잠깐 쉬기도 한단다. 또 날이 추워지면 진흙 속에서 겨울잠을 자지.

그런데 더 자세히 알게 되면 미꾸라지가 물을 흐린다는 이유만으로 비난 받을 수 없다는 것을 알 수 있어. 미꾸라지는 물속을 오염시키는 진흙 속의 유기물을 먹는 등 청소부 역할을 하거든. 특히 여름에는 모기의 애벌레인 장구벌레를 먹잇감으로 삼는데, 미꾸라지 한 마리가 하루에 1,000마리 정도의 장구벌레를 잡아먹는다고 하니 오히려 고맙다고 인사를 해야 할 정도이지?

미꾸라지처럼 유익한 행동을 하는 데도 속담에서는 부정적으로 쓰이니 말이죠.

미꾸라지의 사촌 미꾸리

미꾸라지와 비슷하게 생겼고 이름도 비슷한 '미꾸리'라는 민물고기를 본 적이 있니? 미꾸리는 미꾸라지보다 수염이 짧고 몸통이 굵어. 강의 중류와 연못, 논두렁에 흔하지. 생긴 모양이 동그랗다고 해서 '동글이'라고 부르기도 한단다. 그에 비해 미꾸라지는 옆으로 납작하다고 해서 '납작이'라고 부르기도 해. 하지만 요즘에는 들에 농약을 많이 쳐서 강물도 오염이 많이 되어 미꾸리든 미꾸라지든 보기가 힘들어졌단다.

미꾸라지와 미꾸리

미꾸라지
푸른빛을 띠는 검은색 등에 배는 흰색이며, 수염이 길어.

미꾸리
옆구리에 갈색 세로줄이 있고, 입가에 다섯 쌍의 수염이 있어.

다시 읽는 우리 속담 11

우물 안 개구리다

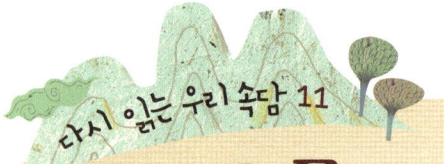

준수는 학교와 동네에서 이름난 요요 대장이야. 네 살 때 아빠가 생일 선물로 사 준 요요를 지금까지 하루도 거르지 않고 돌렸거든. 줄을 죽 늘였다 제자리에서 한참 빙그르르 돌게 하는 기술은 물론, 줄을 X자나 V자로 만든 다음, 요요를 그 사이로 왔다 갔다 하는 복잡한 기술도 제법 잘 다뤄. 친구들이 좀 가르쳐 달라고 하면 준수는 고개를 뒤로 젖히며 거드름을 피우지.

"뭐, 이 정도는 내게 식은 죽 먹기지."

어느 날, 전국 어린이 요요 대회가 열린다는 소식이 들렸어. 준수 아빠는 준수에게 새로운 기술이 담긴 외국 동영상을 찾아 보여 주고, 요요와 관련된 책을 골라 주었어. 그런데 준수는 보는 둥 마는 둥했지.

"아빠, 하던 대로만 해도 어차피 제가 1등 할 거예요."

그런데 대회 날, 준수는 무대에 오르기도 전에 기가 확 죽었어. 준수보다 어린데 어려운 기술을 실수 없이 척척 해내고, 준수가 처음 보는 기술을 다루는 아이들이 많았거든. 드디어 준수 차례가 왔어. 시작을 알리는 음악이 울리고 준수가 줄을 펼쳐 기술을 보여 주기 시작했어. 그런데 1분도 못 가 요요의 줄이 꼬일 대로 꼬이더니 결국 묶여서 풀 수 없는 지경에 이르고 말았지.

대회를 마친 준수에게 아빠가 물었어.

"**우물 안 개구리** 준수야, 우물 밖에 나와 보니 기분이 어때?"

준수는 고개를 푹 떨군 채 아무 말 할 수 없었단다.

자신의 실력이 어느 정도인지 제대로 알기 위해서는 보다 넓은 세상의 많은 사람들과 견주어 봐야겠지?

57

가람 박사의 생태 이야기
우물 안에 사는 개구리가 있을까?

어릴 때 개구리를 잡아 손바닥에 올려 놓으면 손바닥이 축축하게 젖었던 게 생각나요.

우물 안에 들어간 개구리가 하늘이 동그란 줄만 알았다가, 우물 밖으로 나온 뒤에야 하늘이 넓은 줄 알게 되는 것처럼 준수도 전국 대회에 나간 뒤에야 자신보다 실력이 뛰어난 사람들이 많다는 걸 알게 됐어. 그럼 정말 우물 안에서 사는 개구리가 있을까?

개구리가 물을 좋아하는 건 사실이야. 태어나는 곳도 물속이니까.

암컷 개구리는 물속에 동글동글한 알을 낳아. 알은 투명하고 미끈미끈한 우무질에 싸여 있는데, 그 알에서 올챙이가 나오지. 올챙이는 시간이 지나면서 뒷다리, 앞다리가 차례로 나오고 꼬리가 없어지면서 개구리의 모습을 갖춰 가. 올챙이 적에는 물속에서만 살기 때문에 물고기처럼 아가미로 숨을 쉬지. 개구리가 다 되어 갈 무렵이 되면 아가미는 퇴화하고 허파가 생기면서 물 바깥에서도 숨을 쉴 수 있게 돼. 어엿한 개구리가 되면 살 곳을 정하는데, 개구리의 종류에 따라 사는 곳이 조금씩 다르기는 하지만 물가를 크게 벗어나지는 않는단다. 알을 물속에서 낳고, 숨을 쉬려면 피부를 촉촉하게 적셔야 하거든.

참개구리는 물 위로 머리를 내놓고 있거나 물가의 풀숲에 살아. 청개구리는 들판의 풀숲이나 나뭇잎, 나뭇가지에 살지. 하지만 알을 낳을 때는 물가를 찾아온단다. 옴개구리는 호수 주변에 살아. 낮

계곡산개구리 알이란다. 동글동글하고 물렁하지.

북방산개구리 올챙이의 모습이야. 머리가 크고 몸이 가늘며 꼬리만 있지.

▲ 녹색 몸에 검은 무늬가 있는 청개구리야.　▲ 참개구리는 한국, 몽골, 중국 등에 살아.　▲ 옴개구리 등에는 오돌토돌한 돌기가 있어.

에는 돌아다니지 않고 습기가 많은 밤이나 비 오는 날 먹이를 찾으러 돌아다니지. 계곡산개구리나 북방산개구리, 한국산개구리 등의 산개구리류는 늦겨울부터 초봄에는 습지에서 산란을 하고, 산란이 끝나면 산에 올라가서 생활해.

우물 안에 사는 개구리는 거의 없을 거야. 어쩌다 들어가도 우물이 깊어 다시 나오기 힘들고 먹이가 부족해서 계속 살기는 어렵단다.

> 개구리는 피부로도 숨을 쉬기 때문에 몸이 늘 축축하지요.

개구리가 겨울을 지내는 곳

개구리는 추운 겨울이 되면 겨울잠을 자. 그럼 어디에서 겨울잠을 잘까? 개구리는 피부를 통해 추위가 오는 것을 알아차리는데, 11월 중순 정도가 되면 서서히 따뜻한 곳을 찾아 겨울잠을 자러 들어간단다. 산개구리나 물두꺼비 등은 물속 물풀 뿌리 더미 밑이나 큰 돌 밑에서 겨울잠을 자.
청개구리, 참개구리, 금개구리 등은 땅속이나 바위틈에서 겨울잠을 청하지.

겨울잠 자러 들어가는 개구리

다시 읽는 우리 속담 12
꽃이 고와야 나비가 모인다

"지갑 챙겼고, 거스름돈으로 쓸 동전. 가격표도 챙겼고……."

일요일 아침, 평소 같으면 늦잠을 자고 있을 시간이야. 하지만 오늘 정현이는 무척 바빠. 아파트 공터에서 열리는 벼룩시장에서 정현이가 직접 만든 머리핀을 팔기로 했거든.

정현이는 머리핀을 만든다며 지난주에 엄마와 함께 동대문까지 가서 재료 세트를 사 왔어. 설명서에 나온 대로 바느질을 약간 하고 붙이기만 하면 간단했지. 정현이는 머리핀을 50개 만들고, 머리핀 별로 500원, 1000원, 1500원의 가격을 매겼어.

정현이는 머리핀을 판 돈으로 무엇을 할까 날마다 행복한 고민을 했지. "엄마 선물도 사고, 동생 생일이 다음 주니까 생일 선물 사고……. 아냐,

돈을 모아 두었다 벼룩시장 때 팔 머리핀을 더 많이 만들어야지."

정현이는 아파트 부녀회에서 정한 자리에 돗자리를 깔고 머리핀을 진열한 후, 가격표를 붙였어. 그리고 자신 있게 권할 만한 핀을 머리에 꽂았지.

"음, 이제 손님이 몰릴 일만 남았네!"

정현이가 뿌듯한 마음으로 머리핀들을 바라보고 있을 때, 누군가 와서 아는 체했어.

"정현아! 너도 머리핀 팔러 온 거야?"

방과 후 리본 공예 수업을 같이 듣는 지수였지. 정현이는 순간 얼굴이 굳어졌어. 지수는 방과 후 선생님께 늘 칭찬을 받는 친구야. 지수는 일반 재료가 아닌, 볏짚, 한지 등 생각지도 못한 재료를 직접 준비해 와 늘 새로운 걸 만들었거든. 그런 지수가 정현이 옆에 돗자리를 펼치는 거야.

지수는 직접 만들어 온 머리핀을 가지런히 놓았어. 볏짚 인형이 붙은 머리핀, 한복 천으로 만든 머리핀, 조약돌에 그림을 그린 머리핀, 나무뿌리를 말린 뒤 모양을 내어 꾸민 머리핀 등 흔하지 않은 머리핀들이었지. 정현이는 왠지 기가 죽었어. 오전 10시쯤 손님들이 오기 시작했어. 대부분 아파트에 사는 이웃들이었는데, 같은 학교 친구들도 제법 보였지.

정현이가 자리 잡은 곳은 옷과 가방, 목걸이 등 장신구를 파는 곳이 많아 아주머니들이 많이 왔어. 특히 딸과 함께 나온 아주머니가 많이 들렀지.

"어머 정현이 나왔구나. 머리핀 직접 만들었어? 예쁘다."

바로 위층에 사는 아주머니였지. 아주머니는 정현이 머리핀 중에 하나를 고르더니 지갑을 열었어. 그런데 바로 옆에 있는 지수 돗자리를 보더니 정현이가 만든 머리핀을 슬며시 내려놓지 않겠어!

"어머나, 이거 네가 직접 만든 거니?"

아주머니는 지수 돗자리 앞에 서서 넋을 놓고 구경을 했어. 그러고는 지수네 머리핀을 4개나 사는 거야. 점심 때가 되었을 때, 지수는 가지고 나온 머리핀을 모두 팔고 돗자리를 정리했어. 하지만 정현이는 그때까지

고작 12개를 팔았어. 그것도 엄마와 이모, 동생이 사 준 게 절반이 넘었지. 벼룩시장이 끝날 무렵, 정현이는 머리핀 두 개를 묶어 하나 가격을 매기고서야 겨우 다 팔았어.

"**꽃이 고와야 나비가 모인다**는 말도 틀린 말은 아니구나."

좋은 물건이 많이 팔리듯이, 장점이 많은 사람에게 친구들이 많이 모여든단다.

모든 나비가 꽃을 좋아할까?

꽃을 찾아 날아온 청띠제비나비의 모습이야.

나비는 주로 꽃에 든 꿀을 빨아 먹고 사는 곤충이야. 그래서 꽃밭에는 어김없이 나비가 날아들지. '꽃이 고와야 나비가 모인다'는 말은 꽃꿀을 좋아하는 나비의 식성 덕분에 생긴 속담이야. 하지만 나비가 일부러 더 예쁜 꽃을 찾아다니는 건 아니야. 입맛에 맞는 꽃꿀을 찾아다니기는 해도 말이야. 그럼, 모든 나비가 꽃만 좋아할까? 다른 먹이를 먹는 나비는 없을까?

대부분의 나비가 꽃꿀을 좋아하긴 하지만 특이한 식성을 가진 나비들도 있단다.

수컷 나비들 중에는 꽃꿀뿐 아니라 나무 진이나 동물의 배설물 등을 좋아하는 나비도 있어. 동물의 배설물이나 나무 진에는 미네랄과 나트륨이 들어 있는데, 미네랄과 나트륨에는 수컷 나비가 생식 능력을 키우는 데 도움이 되는 성분이 많이 들어 있거든. 수컷 나비들은 먹이 활동보다 생식 능력을 중요하게 여기기 때문이지.

네발나비과에 속하는 대왕나비는 동물의 똥이나 시체 등을 좋아해. 그래서 동물의 똥이나 야생 동물의 시체에 수컷 대왕나비들이 모여 있는 모습을 심심치 않게 볼 수 있지. 부전나비과에 속하는 바둑돌부전나비 수컷들은 진딧물에서 나온 배설물을 빨아 먹고 살아. 바둑돌부전나비의 애벌레도 진딧물을 먹고 자란단다. 오색나비나 그늘나비, 신선나비 수컷들은 나무의 영양분이 듬뿍 들어 있는 나무 진을 좋아해. 나무

아름답고 우아한 나비와 어울리지 않는 먹이도 있다는 게 놀라워요!

대왕나비는 한국, 중국 등에 분포해.

그늘나비 날개엔 뱀 눈 모양의 점이 있어.

나무에 앉아 있는 신선나비야.

줄기에 난 상처 사이로 새어 나오는 나무 진이 여러 미생물들에 의해 발효가 되면 더욱 단맛을 내는데, 영양가도 만점이지. 나무 진은 나비뿐 아니라 여러 곤충들의 유익한 먹이가 된단다.

나비의 여리고 화려한 겉모습을 보면 예쁜 꽃만 찾을 것 같지만, 나비도 치열하게 거친 세상을 살아가는 생명인걸요!

나비는 다리로 맛을 볼 수 있다고?

나비는 대롱을 꽂아 보지 않고 꽃에 앉기만 해도 그 꽃이 얼마나 단지 알 수 있어. 나비 다리에는 맛을 볼 수 있는 감각 기관이 있기 때문이지. 나비의 다리는 밑마디, 도래마디, 넓적마디, 종아리마디, 발마디로 나뉘어. 가장 끝에 있는 발마디에는 맛을 느낄 수 있는 감각 기관이 모여 있단다. 하지만 여기서 알 수 있는 맛은 단맛뿐이야. 이 발마디 덕분에 나비는 꽃에 앉기만 해도 꽃꿀의 맛을 알 수 있는 거란다.

나비의 몸

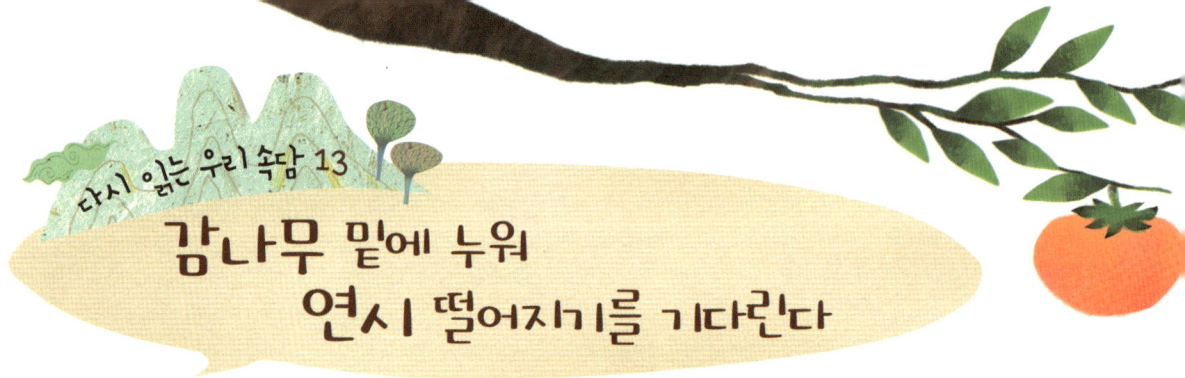

다시 읽는 우리 속담 13

감나무 밑에 누워 연시 떨어지기를 기다린다

"어휴, 도대체 달리기는 왜 하는 거야?"

승찬이가 아침부터 투덜투덜했어. 오늘 1반부터 5반까지 반 대항 이어달리기가 열리는데, 승찬이가 가장 싫어하는 게 체육이거든. 그중에서도 달리기라면 고개를 절레절레 저었지.

1반부터 5반까지 한자리에 모였어. 서로 자기네 반이 이길 거라며 열을 올리는데, 심드렁하게 있는 아이는 승찬이뿐이었지.

'그깟 달리기에서 1등 하면 뭐가 좋다고 저렇게 난리람?'

그때 3반 선생님이 커다란 상자를 열었어.

"자, 1등을 한 반에게는 메타킹로봇 4단계를 선물로 줍니다!"

순간 승찬이는 귀가 번쩍했어. 승찬이도 메타킹로봇을 모으는데,

마침 4단계만 없었거든. 승찬이가 아이들을 죽 훑어보고 미소를 지었어.

"어차피 우리 반이 1등 하겠네. 난 그냥 슬렁슬렁해야겠다."

승찬이네 반에는 제법 달리기를 잘하는 친구들이 많았어.

드디어 이어달리기가 시작되었어. 역시 승찬이네 반이 큰 차이로 1등을 달리고 있었지. 드디어 승찬이 차례가 되었어. 그때까지도 승찬이네 반이 다른 반을 크게 앞지르고 있었어. 승찬이가 배턴을 이어받고 슬슬 뛰기 시작했어. 조금 뛰었는데도 숨이 차고 힘들어서 아예 걷다시피 했지. 그 틈을 타 다른 반 아이들이 하나둘 승찬이를 앞지르기 시작했어. 승찬이가 속도를 더 내려고 했을 때는 이미 늦은 뒤였지.

결국 승찬이네 반은 꼴찌를 하고 말았단다. 아무 노력도 하지 않고 편안히 **감나무 밑에 누워 연시가 떨어지기를 기다리던** 승찬이가 받은 건 뭘까? 뭐긴 뭐겠어. 친구들의 눈총이지.

좋은 결과, 좋은 대가를 바란다면 그에 맞는 노력이 밑받침이 되어야 한단다.

감은 왜 익을수록 더 달까?

▲ 감나무의 감이 익어 가는 모습이야. 익기 전에는 떫지만 익을수록 단맛을 내지. 감 껍질을 벗겨 곶감을 만들기도 해.

그런데 감나무 밑에 얼마나 누워 있어야 연시가 떨어질까요?

감나무 가지 끝에 달린 잘 익은 연시를 보면 저절로 군침이 돌아. 감나무에 연시가 여러 개 달려 있으면 모를까, 딱 하나 달려 있다면 까치라도 채 갈까 걱정되어 저절로 떨어지기만을 기다리지는 못할 거야. 승찬이처럼 아무 노력 없이 공짜로 얻으려고 하는 사람이 아니라면 말이야.

덜 익은 감은 떫지만 잘 익은 감은 달콤해. 거기서 더 익어 물렁해진 감을 '연시', '홍시' 또는 '연감'이라고 부르기도 해. 연시는 달콤하면서도 부드러워 우리 입을 즐겁게 해 주지. 대부분의 과일은 연시처럼 잘 익을수록 더욱더 단맛을 낸단다.

그런데 대부분의 과일이 매콤하거나 짭짤하지 않고, 달콤한 이유는 뭘까? 그건 과일나무의 똑똑한 생존 본능과 종족 보호 본능 때문이야.

과일이 달콤하고 맛있어야 작은 곤충이든 큰 동물이든 사람이든 더 찾게 되겠지? 누군가가 먹고 남은 과일의 씨앗은 어떤 방식으로든 땅에 떨어지게 될 거야. 씨앗이 널리 퍼진다는 건 나무의 대가 끊기지 않고, 후대로 이어질 수 있다는 이야기지. 식물은 움직이지 못하는 대신 동물들에게 달콤한 열매를 내주고 씨앗을 멀리 퍼뜨리는 거란다.

과일이 익을수록 더욱 단맛을 내는 건, 햇빛을 많이 받을수록 과일 속에 든 수분은 줄어들고 단맛을 내는 당분이 늘어나기 때문이야. 당분이 늘어나니 당연히 더욱 달콤해지는 거지. 혀가 오그라들 만큼 떫기만 했던 감이 잘 익으면 달콤해지고, 오만상이 써질 만큼 시기만 했던 자두가 잘 익어서 새콤달콤해지는 건 모두 햇빛 덕분이란다.

연시가 떨어지기 전에, 가을볕에 얼굴이 먼저 익어 버리지 않을까요?

 **차가운 과일이 더 달콤한 이유**

무더운 여름날, 냉장고에서 꺼내 먹는 시원한 수박은 정말 꿀맛이야. 만약 냉장고에서 꺼낸 수박과 밖에 두었던 수박 두 가지를 놓고 맛을 비교한다면 냉장고에서 꺼낸 수박이 훨씬 달게 느껴질 거야.

우리가 차가운 과일을 더 달게 느끼는 이유는 바로 과일 속에 든 당분인 '과당' 때문이야. 과당 속에는 알파형과 베타형이라는 두 가지 성분이 섞여 있는데, 온도가 내려가면 단맛을 더 내는 베타형 성분이 높아지면서 더욱 달게 느껴지는 거란다. 하지만 너무 차갑게 하면 혀의 감각이 둔해지기 때문에 오히려 단맛을 느끼지 못할 수도 있겠지?

수박 겉핥기다

"엄마, 걱정 말아요. 어제 다 읽었잖아요!"

엄마 말이 끝나기도 전에 근형이는 집을 나섰어. 오늘은 학교에서 독서 퀴즈가 열려. 선생님이 지난주에 미리 알려 주었던 3권의 책에서 나오는 퀴즈를 학생들이 맞히는 거지. 엄마는 근형이가 독서 퀴즈에서 일찍 탈락할까 봐 걱정이 되었어. 그래서 미리 읽으라며 퀴즈로 나올 만한 내용을 간추려서 종이에 적어 주었는데, 근형이는 그냥 나와 버린 거지. 근형이는 책도 보는 둥 마는 둥 했지. 학교 수업이 끝나면 방과 후 수업도 가야 하고, 학원도 가야 하고, 숙제도 해야 해서 책 읽을 시간이 없었어. 그나마 시간이 있을 때는 컴퓨터 게임이며 텔레비전 만화며 책보다 재미있는 일이 훨씬 많았거든.

엄마가 책 좀 읽으라며 성화일 때는 마지 못해 책장을 넘기는 척하며 읽는 시늉만 했어. 그러다 엄마만 없으면 기다렸다는 듯 책을 덮었지. 보다 못한 엄마가 독서 퀴즈 전날, 근형이더러 책을 소리 내어 읽으라고 했어. 그러자 근형이는 발끈했지.

"엄마, 저는 여섯 살짜리 꼬마가 아니에요!"

"여섯 살짜리 꼬마도 아닌데 엄마가 이렇게까지 해야겠니?"

근형이는 마지 못해 입을 비죽 내민 채 책 3권을 소리 내어 읽었어. 책에서 어떤 이야기가 펼쳐지고 있는지는 생각하지 않고 오로지 앵무새처럼 글자만 읽으니 무슨 내용인지 알 리가 있겠어. 책을 다 읽고 나서 엄마가 책 제목을 물었는데, 제목도 제대로 답하지 못할 정도였으니 엄마

가 걱정이 될 수밖에!

학교에 가니 친구들은 쉬는 시간마다 책을 꺼내 놓고 퀴즈 준비를 하고 있었어. 근형이도 그제야 조금 후회가 되기 시작했지.

'엄마가 준비해 준 거 가지고 올걸.'

드디어 독서 퀴즈가 시작됐어. 아이들은 책상과 의자를 뒤로 밀고는 스케치북 한 권씩 들고 교실 바닥에 앉았지. 선생님이 문제를 내면 스케치북에 답을 써서 들고, 틀린 사람은 뒤로 빠지고 맞힌 사람은 남아 계속 퀴즈에 참여하는 방식이었지. 선생님이 첫 번째 문제를 냈어.

"이 이름이 《파도를 기다리는 아이》의 주인공이 맞을까요?"

아이들은 시시하다는 듯 히히 웃으며 답을 휙 적었어. 어물거리는 아이

는 근형이뿐이었지. 책에 그려져 있던 주인공의 얼굴은 떠오르는데 이름은 도무지 생각이 나질 않는 거야.

"자, 너무 쉽죠? 모두 스케치북 드세요!"

스케치북을 들어 답을 확인하는데, 근형이 혼자만 틀린 거야!

"근형아, 일어나서 뒤로 빠져 있어."

근형이는 빨개진 얼굴로 머리를 긁적이며 자리에서 일어났어. 친구들이 모두 자기만 보고 있을 거란 생각에 고개를 들 수가 없었지.

"근형아, 너 책 안 읽었니?"

"읽긴 읽었는데……."

근형이가 우물쭈물 얼버무리자 선생님이 덧붙여 이야기했지.

"그러니까 읽긴 읽었는데, **수박 겉핥기** 식으로 읽은 게로구나!"

다른 일도 마찬가지지만, 책을 읽을 때는 내용을 깊이 생각하며 읽어야 한단다.

알맹이보다 껍질이 더 중요한 과일이 있다고?

과일이나 채소의 껍질에 묻어 있을 화학 약품이나 오염 물질이 걱정이 돼요.

수박 겉은 딱딱하지만, 까만 씨가 박힌 빨간 속살은 시원하고 달콤하지. 그러니까 수박 겉만 핥아 보고 수박 맛을 안다고 하면 거짓말이야. 근형이도 수박 겉핥기를 하는 식으로 책을 얼렁뚱땅 읽었기 때문에 주인공 이름 하나 제대로 알지 못한 거야. 어떤 일이든 겉핥기 식으로 하면 안 한 것보다 못한 일이 될 수도 있어.

그런데, 과일이나 채소는 겉이 더 유익할 때도 있다는 거 아니? 오히려 알맹이보다 겉껍질에 영양소가 풍부한 과일과 채소들이 많거든. 포도의 껍질에는 '레스베라톨'이라는 성분이 있어. 이 성분은 비만과 당뇨 등 성인병은 물론 치매를 예방하는 데에도 큰 도움을 준단다. 귤 껍질에는 비타민이 많이 들어 있어서 껍질을 씻어 말린 다음, 차로 끓여 마시면 기침 감기에 효과가 있어. 목욕물에 우려내어 몸을 씻으면 피로

귤 껍질과 레몬 껍질에는 비타민이 많이 들어 있어.

도 금세 풀리지. 알맹이를 둘러싼 흰 줄기에는 혈관을 튼튼하게 해 주는 '헤스페리딘'이라는 성분이 들어 있어서 동맥 경화와 같은 병을 예방하는 데 도움을 준단다. 레몬 껍질에는 레몬 즙의 10배가 넘는 비타민C가 들어 있어. 그래서 차를 끓여 마시거나 다양한 요리 재료로 사용되기도 해. 참외 껍질은 천연 소화제가 되기도 하는데, 음식을 먹고 체했을 때 참외 껍질을 끓여 먹으면 소화가 잘 돼. 갈색을 띠는 양파 껍질은 노화를 늦추고 피로를 풀어 주는 성분인 '플라보노이드'가 알맹이의 30~40배나 들어 있어. 그래서 양파 껍질을 말려 차로 마시기도 하고, 국물 요리를 할 때 양파 껍질로 육수를 내기도 한단다.

식물은 움직일 수 없어서 춥거나 더운 열악한 환경을 이겨 내기 위해 여러 유익한 성분들을 스스로 만들어 내기 때문에 껍질에도 영양소가 풍부한 거란다.

먹기 전에 잘 씻는 게 중요하지요. 물로만 씻는 게 안심이 안 된다면 과일이나 채소 전용 세제를 쓰는 것도 좋아요

 생선이나 고기 껍질 요리

과일과 채소의 껍질처럼 생선이나 고기의 껍질에도 독특한 맛을 내면서 몸에 이로운 성분이 들어 있단다. 돼지 껍질에는 '콜라겐'이라는 성분이 풍부해서 노화를 막고 피부를 윤기 있게 해 줘. 그래서 돼지 껍질을 불에 바싹 구워 먹거나 고추장 양념을 해서 볶아 먹기도 해. 명태 껍질에는 피부에 좋은 콜라겐, 알코올을 해독해 주는 타우린 성분이 많아. 명태 껍질을 튀긴 다음 강정처럼 양념을 해서 먹거나 명태 껍질을 이용해 순대를 만들기도 하지. 방어 껍질에는 젤라틴 성분이 많이 들어 있어서 쫄깃한 맛을 내는데, 무침이나 볶음 요리로 쓰인단다.

돼지 껍질 요리야.

다시 읽는 우리 속담 15
서당 개 삼 년에 풍월 읊는다

지우가 가장 좋아하는 일은 수의사인 아빠가 일하는 동물 병원에 가는 거야. 지우는 동물이 사람보다 아픔을 덜 느낄 거라는 생각을 한 번도 해 본 적이 없어.

어느 날 지우가 학교에서 숲으로 캠핑을 가게 되었어. 조별 캠핑 활동 중 하나가 숲속에 난 동물 발자국을 그려 오는 것이었지. 그때였어.

"지우야, 이리 와 봐. 고양이 한 마리가 쓰러져 있어!"

지우가 뛰어가 보니 새끼 고양이가 숨을 가쁘게 몰아쉬고 있는 거야. 입에서 침이 나오고 캑캑거리는 게 목에 뭔가가 걸린 것 같았어.

지우가 얼른 고양이 입을 벌려 안쪽을 살펴보니, 목구멍을 막고 있는 무언가 보였지.

"아, 이럴 때 아빠가 어떻게 했더라?"

짧은 순간이었지만 지우는 비슷한 증상을

보인 고양이를 아빠가 어떻게 치료했는지를 떠올렸어. 지우는 고양이 뒷다리를 잡고 거꾸로 들어 올려 머리를 아래쪽으로 향하게 했어. 하지만 아무것도 나오지 않았지. 그래서 이번에는 고양이의 양쪽 어깨뼈 사이를 손으로 툭 내리쳤어. 그러자 고양이 입에서 짐승의 뼈 같은 게 툭 튀어나오는 거야! 새끼 고양이는 그제야 숨을 제대로 쉬었지. 옆에서 지켜보던 친구들도 안심하며 박수를 쳤어. **서당개 삼 년이면 풍월을 읊는다더니**, 아빠가 진료하는 모습을 어깨너머로 보더니 지우는 꼬마 수의사가 다 되었지 뭐야.

어떤 분야를 직접 공부하지는 않았지만 부모님이나 형제 또는 친구의 영향으로 지식이나 경험을 쌓은 적이 있니?

영리한 개는 사람의 말도 따라 할 수 있을까?

우리나라의 진돗개도 영리한 개의 연구 대상으로 들어가면 좋았을 뻔했네요.

정말로 개가 서당에서 삼 년을 지내면 공자 왈 맹자 왈 하며 풍월을 읊을까? 물론 과장된 속담이야. 한 분야를 가까이에서 오래 접하면 지식과 경험이 자연스럽게 쌓인다는 이야기지. 동화 속 지우도 동물을 치료하는 법을 배우지는 않았지만 아빠가 진료하는 모습을 늘 봐 왔기 때문에 간단한 응급 처치 정도를 스스로 해낼 수 있었던 것처럼 말이야. 그만큼 개가 영리하기 때문에 이런 속담도 생긴 거겠지?

개는 사람보다 뛰어난 점이 많아. 특히 달리기를 아주 잘하는데, 시속 30~60킬로미터까지 달릴 수 있단다. 발바닥이 두껍고 푹신해서 오래 달려도 아프지 않거든. 또 사람보다 100만 배 정도 냄새를 잘 맡아. 코가 늘 촉촉하게 젖어 있어서 공중의 작은 냄새 알갱이가 코끝에 달라붙어 냄새를 잘 맡는 거란다. 사람들은 개의 뛰어난 지능과 신체적인 조건을 이용해서 탐지견, 사냥견, 안내견, 목양견 등 일꾼으로 부리기도 하지. 개 연구가로 유명한 캐나다의 스탠리 코렌 박사는 133종의 개를 대상으로 사람의 명령을 얼마나 잘 따르는지, 숫자를 몇까지 셀 수 있는지 등 개의 지능을 조사했어. 그 결과, 보더콜리 종이 가장 똑똑하다고 밝혔어. 보더콜리는 영국의 스코틀랜드 지역에서 순록을 지키던 목양견이야. 지능이 높고 사람의 말을 잘 알아듣는 것은 물론 행동이 빠르고 민첩해 사람들에게 인기가 많아. 심지어 사람의 몇몇 말을 콧소리로 따라 할 수도 있다니 이 정도면 풍월을 읊는다고

개의 코를 확대한 모습이야.

▲ 보더콜리는 체력이 뛰어나고, 주인에게도 충성심이 높단다.

▲ 푸들의 원래 고향은 프랑스야. 빽빽하고 곱슬거리는 털로, 털갈이를 하지 않지.

해도 되지 않을까? 두 번째로 똑똑한 개는 푸들 품종의 개라고 해. 푸들도 지능이 높아 옛날엔 주로 물새 사냥에 쓰였는데, 영리하고 사람을 잘 따라 지금은 애완견으로 인기가 높단다.

오소리 사냥개, 닥스훈트

긴 허리에 짧은 다리로 아장아장 걷는 닥스훈트를 본 적이 있니? 닥스훈트는 몸길이가 어깨높이의 두 배나 될 정도로 길고 다리는 짧아. 아담하고 독특한 생김새 덕분에 애완견으로 인기가 많지. 닥스훈트에서 '닥스'는 독일어로 '오소리'를 뜻하고, '훈트'는 '사냥하다'라는 뜻이야. 이름의 뜻대로 닥스훈트는 원래 냄새로 오소리를 찾는 사냥개였어. 오소리를 찾아 좁은 굴을 드나들다 보니, 허리는 길어지고 다리는 짧아진 거란다.

닥스훈트는 명랑하고 민첩하며 활동적인 품종의 개야.

보더콜리의 지능은 80 정도라고 하는데, 진돗개는 60 정도라니, 진돗개도 상당히 영리한 편이지요.

바늘 도둑이 소도둑 된다

한 부지런한 나무꾼이 있었어. 어느 날, 나무꾼이 날이 저물도록 나무를 하고 돌아가는데 숲에서 도깨비들이 잔치를 벌이고 있지 않겠어! 나무꾼은 숨어 있다 깜빡 잠이 들었지. 잠에서 깨어 보니 도깨비는 사라지고 감투 하나가 떨어져 있는 거야. 바로 다른 사람 눈에 띄지 않도록 하는 도깨비 감투였지.

나무꾼은 감투를 쓰고 장터로 향했어. 먼저 비단전에 들러 아내가 갖고 싶다던 바늘쌈과 색색의 실몽당이를 지게에 실었어. 그리고 과일전으로 가서 홍시 한 바구니를 지게에 실었지. **바늘 도둑이 소도둑 된다**고, 나무꾼은 푸줏간에서 고기, 대장간에서 새 도끼를 훔쳤어. 나무꾼은 집으로 가 훔친 물건을 펼쳐 놓았어. 나무꾼의 아내는 걱정이 앞섰지.

"살림살이가 넉넉치 않다고 남의 물건을 훔쳐요? 그 감투 당장 버려요!"

그래도 나무꾼은 쌀이며 비단을 잔뜩 훔쳐 와 부자가 되고도 도둑질을 멈추지 않았지. 보다 못한 아내가 감투에 빨간 헝겊을 덧대어 바느질을 했어. 나무꾼은 그것도 모르고 감투를 쓰고 물건을 훔쳤지. 그제야 사람들은 빨간 헝겊 쪼가리가 물건을 훔쳐 간다는 걸 알았어.

어느 날 나무꾼이 한 부잣집 외양간에 소를 훔치러 들어갔어. 하지만 부잣집 주인은 이미 하인들에게 집 안 곳곳을 잘 감시하게 해 둔 터였지.

하인들은 헝겊 쪼가리를 향해 몽둥이를 휘둘렀어. 나무꾼은 그제야 감투를 벗고 목숨만 살려 달라고 울며불며 사정했단다.

나쁜 짓을 자꾸 저지르다 보면 아무리 사소한 것도 결국 큰 잘못으로 이어져 벌을 받게 되는 법이란다.

가람 박사의 생태 이야기
소는 풀만 먹는데 어떻게 덩치가 클까?

도깨비 감투를 쓰지 않아도 마음만 먹는다면 작은 바늘은 쉽게 훔칠 수 있을지 모르지만, 덩치 큰 소는 무리일 거야. 다 자란 소의 몸무게는 600킬로그램도 넘으니 말이야.

소는 풀을 먹고사는 초식 동물이야. 그런데 풀만 먹고도 덩치가 큰 이유는 뭘까? 더구나 풀은 섬유질이 많아 소화시키기도 힘든 음식인데 말이야. 그 비결은 소가 먹이를 소화시키는 과정에 있어. 소는 위를 네 개나 가지고 있어서 소화를 시키는 과정이 매우 복잡하면서도 흥미롭지. 소는 일단 혀와 입술, 판판한 이빨을 이용해 질긴 풀을 질근질근 반쯤 씹어서 삼켜. 소의 첫 번째 위(혹위)와 두 번째 위(벌집위)에 있는

소가 되새김질 하는 모습이 한가로워 보였는데, 소화를 잘 시키기 위한 전략이었다니 놀랍네요.

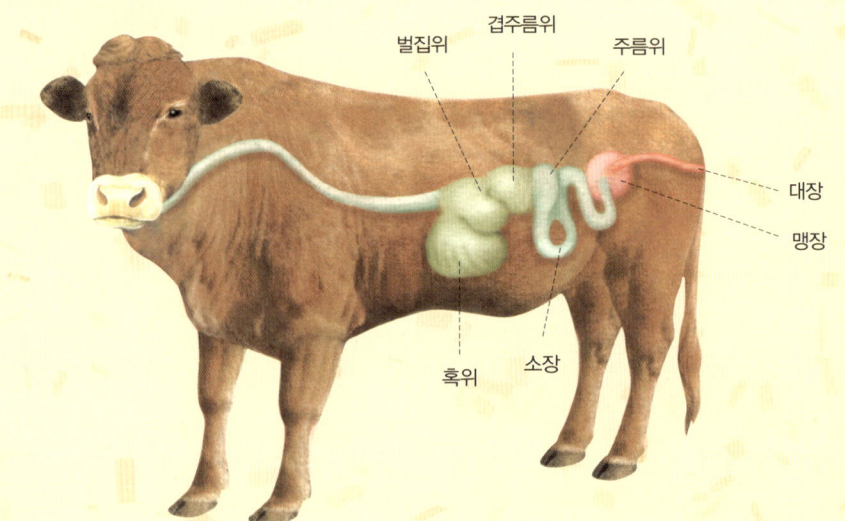

소의 소화 기관

미생물은 풀의 섬유질을 분해하는 역할을 하지. 이 과정에서 소는 한 번 삼킨 음식물을 끄윽 트림을 하듯 토해 내 다시 씹고 삼키는 걸 몇 번이나 반복해. 이게 바로 '되새김질'인데, 되새김질을 해서 음식물을 더욱 잘게 씹어야 분해가 잘 되기 때문이야. 세 번째 위(겹주름위)에서 가늘게 부서진 음식물은 네 번째 위(주름위)에서 위액을 통해 완전히 소화된단다. 여기서 중요한 건, 미생물이 음식물을 분해하면서 만들어 낸 물질도 함께 소화를 한다는 거야. 그러니까 소는 미생물을 통해서도 영양분을 섭취하는 거지. 처음에 먹은 것은 풀뿐이지만 소화를 하기 위해 미생물을 이용하고, 그 미생물들이 발효한 물질을 통해 단백질을 얻는 거란다. 단백질은 동물의 성장에 큰 영향을 주는 영양소야.

반면에 사람은 풀을 소화시키는 미생물을 가지고 있지 않아 풀의 영양분을 제대로 흡수하지 못한단다.

소는 미생물이 활발히 활동하는 똑똑한 소화 기관 덕에 풀을 통해서도 충분히 성장에 필요한 영양분을 얻을 수 있는 거랍니다.

 환경 오염을 일으키는 소의 트림

소가 지구 온난화를 부추기고 있다는 뉴스를 들어 본 적이 있니? 소가 가진 네 개의 위에서는 미생물들이 부지런히 음식물을 분해해. 소가 트림을 할 때 메탄가스가 밖으로 나오는데, 소 한 마리가 배출하는 메탄가스 양은 한 해에 50킬로그램 정도야. 메탄가스는 이산화 탄소보다 열을 잡아 가두는 능력이 훨씬 높아 지구 온난화의 주범이 된다고 해. 요즘에는 세계 곳곳의 대규모 사육장에서 대량으로 소를 키워 전 세계적으로 약 14억 9천 마리 정도가 사육되고 있어. 이 소들이 뿜어내는 메탄가스가 전 세계 메탄가스 배출량의 15퍼센트를 차지한다니 웃으며 넘어갈 수 있는 문제는 아니란다.

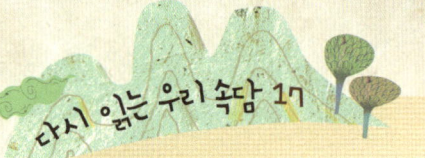

닭 잡아먹고 오리발 내민다

옛날에 아들만 셋을 둔 부부가 있었어. 부부는 딸 하나만 보내 달라고 삼신할머니에게 날마다 빌었지. 그러던 어느 날 부인에게 아기가 생겼어. 열 달을 기다려 낳은 아이는 어여쁜 딸이었지. 웃으면 눈이 반달처럼 휘고, 작고 붉은 입술은 앵두처럼 귀여웠어. 부부는 딸을 금이야 옥이야 귀하게 키웠어. 그런데 딸이 일곱 살이 되던 날부터 이상한 일이 벌어지기 시작했어. 멀쩡하던 집짐승들이 아침이 되면 피를 흘리고 죽어 있는 거야. 하루하루 근심이 쌓여 가던 아버지가 첫째 아들을 불러 일렀어.

"오늘 저녁 외양간에 숨어 있다 무슨 일이 생기는지 똑똑히 보거라."

첫째 아들은 밤이 깊자 외양간으로 숨었어. 하지만 쏟아지는 잠을 이길 수가 없었지. 아침이 밝아 눈을 떠 보니 어김없이

소 한 마리가 죽어 있는 거야. 다음으로 둘째 아들이 지켜보기로 했어. 하지만 둘째 아들도 잠드는 바람에 말 한 마리를 잃었지. 이번에는 셋째 아들이 외양간을 지켰어. 억지로 잠을 참으며 지켜보고 있는데, 누이동생이 방문을 슥 열고 마당으로 나왔어. 그리고 갑자기 재주넘기를 세 번 하더니 꼬리 달린 여우로 변하지 뭐야! 여우로 변한 누이는 닭목을 비틀고 내장을 꺼내 먹었어. 그것도 모자라 소의 간과 쓸개를 빼 먹는 거야. 여우 누이는 입과 손에 묻은 피를 닦고 다시 재주를 세 번 넘은 뒤 방으로 들어갔어.

다음 날 셋째 아들은 아버지에게 간밤의 일을 모두 일렀어. 하지만 아버지는 거짓말을 한다며 큰소리쳤지. 셋째 아들은 누이를 불러 물었어.

"네가 간밤에 여우로 둔갑해서 닭이랑 소를 잡아먹었지?"

"오라버니, 무슨 말씀하시는 거예요? 저는 초저녁에 잠이 들어

아침에야 일어났는걸요! 아버지, 어머니, 정말 억울해요."

　누이는 그야말로 **닭 잡아먹고 오리발 내미는 격**으로 아니라고 펄쩍 뛰며 눈물까지 찔끔거렸어. 결국 아버지는 셋째 아들이 거짓말을 한다며 집에서 내쫓았지. 하지만 그 후, 집짐승들을 모두 잡아먹은 여우 누이는 어머니와 아버지, 첫째와 둘째 오빠까지 잡아먹고 말았단다.

　집을 떠나 떠돌던 셋째 아들은 지혜로운 여인을 만나 결혼하여 살게 되었어. 하지만 집 걱정에 하루도 마음 편할 날이 없었지. 셋째 아들은 큰맘을 먹고 집에 한 번 다녀오기로 했어. 그러자 부인이 하얀 병, 파란 병, 빨간 병을 주며 위험한 일이 생길 때 던지라고 일렀지.

집에 온 셋째 아들은 깜짝 놀랐어. 으리으리하던 집에는 풀만 우거지고 그 속에는 짐승의 뼈만 있는 거야. 그때 여우 누이가 불쑥 나타났어.

"오라버니 왜 이제 오셨소! 기다리느라 얼마나 배가 고팠다고."

여우 누이가 손톱을 드러내고 달려들 때 셋째 아들이 도망치며 하얀 병을 던졌어. 그러자 가시덤불이 나타나 여우 누이를 막아 주었지. 여우 누이는 금세 가시덤불을 헤치고 나와 날카로운 이빨을 드러냈어. 이번엔 파란 병을 던지자 커다란 물웅덩이가 나왔는데, 여우 누이는 곧 헤엄쳐 나왔지. 마지막으로 빨간 병을 던졌어. 그러자 무서운 불길이 솟더니 여우 누이는 불구덩이에서 헤어 나오지 못하고 그대로 죽고 말았단다.

닭 잡아먹고 오리발 내미는 새초롬한 누이의 모습이 정말 무섭지? 우리도 혹시 누군가의 번지르르한 겉모습에 속고 있는 건 아닌지 되돌아보자.

오리발은 닭발과 어떻게 다를까?

오리는 닭과 사는 곳부터가 다르니 발 모양도 다를 수밖에 없겠네요.

▲ 오리발(왼쪽)과 닭발(오른쪽)의 모습이야. 생긴 모양부터 다르지?

여우 누이를 보니 정말 섬뜩하지? 짐승을 마구 잡아먹고는 뻔뻔하게 닭 잡아먹고 오리발 내미는 격으로 잡아떼니 말이야.

닭 주인이 닭을 몰래 잡아먹은 사람에게 따지니 당당히 오리발을 내밀며 "이것 봐라. 내가 먹은 건 오리발이다." 하고 우긴다면 닭 주인은 할 말이 없을지도 몰라. 오리발은 닭발과 확연히 다르니까.

그럼 오리발은 닭발과 어떻게 다를까? 가장 큰 차이점은 오리발에는 물갈퀴가 있다는 거야. 주로 물속에서 지내는 오리는 웅덩이나 연못, 늪이나 얕은 시내에서 물갈퀴가 달린 발을 찰방거리며 돌아다니지. 그러다 겨울이 되어 물이 얼거나 차가워지면 어떻게 하냐고? 걱정 안 해도 돼. 오리는 꼬리깃 부분에 기름샘을 가지고 있는데, 거기서 나오는 기름을 넓적한 부리에 묻혀 온몸에 발라. 그래서 차가운 물이 피부에 바로 닿지 않아 추위를 덜 느끼지. 특히 철새 오리들은 추위를 피하기 위해 다양한 방법을 써. 청둥오리, 쇠오리, 흰뺨검둥오리 등은 겨울이 되면 시베리아의 강한 추위를 피해 우리나라로 날아와. 하지만 우리나라의 겨울도 만만치 않지. 강이나 호수 등에서 먹이를 잡아먹던 철새 오리들이 물가로 나와 한쪽 다리로 웅크리고 서서 머리를 깃털 사이에 파묻고 쉬는 모습을 볼 수 있는데, 이건 바깥으로 나온 피부를 털로 덮어 열이 빠져나가는 것을 줄이는 행동이란다.

잠자는 수컷 청둥오리야.

오리도 종류에 따라 살아가는 방법이 매우 다양하지요.

　새들의 털은 솜털, 덮개털, 깃털로 이루어져 있는데, 솜털은 피부에 붙은 털로 피부를 따뜻하게 하는 역할을 해. 다른 새들과 달리 오리 솜털은 매우 촘촘하게 나 있어서 보온 효과도 크단다.

오리는 잠수 선수

물속에 사는 생물을 먹이로 삼는 오리들이 있어. 이 오리들은 물속 30미터 깊이까지 들어가 잠수를 해서 먹이를 잡아먹기도 한단다. 잠수를 잘하는 오리는 물속에서 90미터나 앞으로 나아갈 수 있어. 잠수를 해서 조개나 물풀, 물고기 따위를 잡아먹지. 물속에 푹 들어갔다 나와도 기름샘에서 나오는 기름을 온몸에 바르기 때문에 털은 쉽게 젖지 않는단다.

잠수하는 오리들의 모습이란다.

숭어가 뛰니 망둥어도 뛴다

어느 고을에 마음씨 착한 할아버지와 할머니가 살았어. 하지만 부부에게는 아이가 없어 근심이었지. 어느 날, 할아버지가 산에서 나무를 하는데 사슴 한 마리가 푹 쓰러지는 거야!

"어이구, 이런! 배가 고파 그런 모양이구나."

할아버지는 사슴에게 주먹밥과 물을 내주었어. 정신을 차린 사슴은 고맙다는 듯 고개를 몇 번이나 주억거렸지. 한참 나무를 하다 보니 할아버지는 덥고 목이 말랐어. 그때 마침 사슴이 나타나 할아버지를 숲 깊은 곳으로 데리고 갔어. 그곳에는 조그만 샘이 있었는데, 한입 마셔 보니 마치 꿀처럼 달았지.

그날 저녁 할머니는 집에 돌아온 할아버지를 보고 뒤로 나자빠졌어.

"아니, 영감! 영감 얼굴이 우리 혼례 올리던 때로 돌아갔구려!"

사슴이 알려 준 샘물은 마실수록 젊어지는 샘물이었던 거야. 할아버지는 이튿날 할머니도 샘물을 마시게 했지. 할아버지와 할머니는 처녀 총각처럼 젊어져 알콩달콩 재미나게 살았어.

샘물에 대한 소문이 퍼지자, **숭어가 뛰니 망둥어도 뛴다**고 욕심쟁이로 소문난 영감도 젊어지는 샘물로 나섰다가 집에 안 돌아온 지 사흘이 지났어. 할아버지와 할머니는 욕심쟁이 영감을 찾아 나섰어. 그런데 샘물에 가 보니 갓난아기가 응애응애 울고 있지 않겠어!

"부인, 이 아기는 하늘이 우리 부부에게 내린 선물인가 보오."

할아버지와 할머니는 아기를 데려와 정성껏 키웠단다.

그 아기는 샘물을 너무 먹어서 아기가 돼 버린 욕심쟁이 영감이란다.

자신의 처지나 상황은 생각하지도 않고 남이 하는 대로 따라 하다가는 오히려 화를 입을 수도 있단다.

숭어의 뜀뛰기 실력은 얼마나 뛰어날까?

숭어는 몸이 옆으로 납작해. 온몸에 빳빳한 비늘이 있지.

갯벌 위를 뛰는 말뚝망둥어야.

물고기가 헤엄치는 기술뿐 아니라 뛰는 기술도 가졌다니 부럽네요.

혹시 아빠나 삼촌을 따라 낚시를 하러 간 적이 있니? 망둥어는 참 쉽게 잡히는 물고기 중 하나야. 우리나라 바닷가에서 볼 수 있는 물고기인데, 특히 숭어가 있는 곳에 많단다. 그래서 팔딱팔딱 뛰는 숭어를 잡고 싶지만 숭어는 잡히지 않고 숭어 옆에서 알짱거리던 망둥어가 잡힐 때가 많아. 망둥어로서는 참 억울할 거야. 젊게 변한 할아버지를 샘내다 갓난아기가 되어 버린 욕심쟁이 영감처럼 말이야.

실제로 숭어는 물 위를 힘차게 뛰어오르는 재주를 가졌어. 꼬리로 수면을 치면 거의 수직으로 솟구쳐 오르고, 내려올 때는 몸을 한 번 돌려 머리를 아래로 향한 채 떨어지지. 숭어가 높이 뛰는 이유는 여러 가지가 있는데, 잘 놀라서이기도 하고, 몸에 붙어 있는 기생충 때문이기도 하단다. 기생충이 숭어 몸에 붙어 피를 빨아 먹고 상처를 내는데, 숭어가 기생충을 떼어 내려고 팔딱 뛰어오른다는 거지.

썰물 때 갯벌 바닥에서 볼 수 있는 말뚝망둥어는 가슴지느러미로 갯벌을 뛰어다니며 작은 갑각류나 곤충을 잡아먹는데, 뛰는 모습이 숭어에 비하면 우스꽝스러워.

팔딱팔딱 잘 뛰는 물고기를 이야기할 때 빼놓을 수 없는 게 연어야. 연어는 강에서 태어나 바다에서 자라는데, 알을 낳을 때가 되면 자신이 태어났던 강으로 되돌아온단다. 그러자면 강물을 거슬러 올라가야 하지. 거슬러 올라가다 보면 경사가 급한 곳도 만나고 작은 폭포를 뛰어넘어야 할 때도 있어. 바로 이때 연어는 훌쩍 뛰어오르는 기술을 선보인단다.

▲ 연어는 강 상류로 올라와 모랫바닥에 알을 낳고 죽는단다.

 ## 하늘을 나는 물고기, 날치

날치는 마치 공중을 나는 것 같다고 하여 '날치'라는 이름이 붙은 물고기야. 잘 발달한 가슴지느러미를 새의 날개처럼 펴고, 꼬리지느러미로 물 위를 강하게 쳐서 물 위로 떠오른 다음, 2~3미터 높이의 공중을 날지. 멀리 날 때는 한 번에 40미터까지도 이동할 수 있단다. 날치가 공중을 나는 것은 적으로부터 도망치기 위해서야. 천적인 참치를 만났을 때 공중으로 재빨리 날아올라 몸을 피하지.

날치 떼가 나는 모습을 보면 희게 빛나는 배와 코발트색의 등이 어우러져 아름답다는 생각이 들기도 한단다. 정작 날치들은 생명의 위협을 느껴 몹시 긴장을 했을 테지만 말이야.

마치 새처럼 날아오르는 날치의 모습이야.

> 사람들은 물 위로 뛰어오르는 연어 떼를 기다렸다 잡는가 하면, 곰들은 폭포를 뛰어오르는 연어 떼를 기다렸다 사냥을 한답니다.

93

다시 읽는 우리 속담 19
구렁이 담 넘어가듯 한다

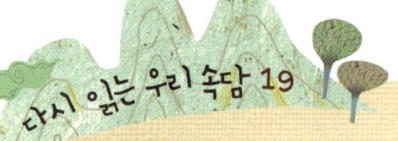

"엄마 왜 만날 나만 혼내요? 수찬이가 먼저 먹자고 했어요!"
"수찬이 지금 배 아파서 화장실 들락거리는 거 안 보여?"

수빈이에게는 한 살 어린 남동생 수찬이가 있어. 둘은 어릴 때부터 투닥투닥 다투기 일쑤였어. 그런데 혼나는 건 늘 수빈이야. 같이 싸우고, 장난을 쳐도 수빈이가 늘 더 혼이 났지.

며칠 전 엄마가 망고 아이스크림 한 상자를 사서 냉동실에 두었어. 엄마는 냉장고 문에 하루에 한 개 이상 먹으면 벌칙을 주겠다고 써 붙여 두었단다. 그런데 향긋하고 부드러운 망고 맛이 자꾸 생각이 나는 걸 어쩌겠어? 먼저 꼬드긴 건 수찬이였어.

"누나, 딱 하나씩만 더 먹자. 내일 안 먹으면 되잖아."

결국 수찬이와 수빈이는 망고 아이스크림을 하나씩 더 먹었어. 그런데 조금 뒤 수찬이가 수빈이를 또 조르는 거야.

"누나, 누나! 우리 모레도 안 먹는다고 하고 하나씩만 더 먹자."

그러다 결국 이날 4개씩이나 먹게 된 거야. 엄마가 퇴근하고 냉장고를 열어 보고는 둘을 불러다 놓고 혼을 내려는데, 수찬이가 배를 쥐고 데굴데굴 구르더니 화장실로 달려가지 뭐야.

"아, 배야. 아이고! 배야."

엄마는 동생까지 배탈이 나게 했다며 수빈이만 혼을 냈지. 수빈이는 억울한 얼굴로 화장실 문을 쏘아보았어.

'**구렁이 담 넘어가듯 하는** 녀석, 가만두나 봐라!"

수찬이처럼 어떤 위기 상황에서 은근슬쩍 잘 넘어가는 사람이 있어.
하지만 그 행동 때문에 다른 사람이 피해를 본다면 어떨까?

가람 박사의 생태 이야기
담 넘어가는 구렁이를 쉽게 볼 수 있을까?

구렁이가 옛날 이야기 속에도 많이 등장하는 걸 보면 사람과 가까운 동물이었음이 틀림없어요.

수빈이 동생 수찬이는 엄마에게 혼이 날 때마다 구렁이가 슬금슬금 담을 넘듯 은근슬쩍 피하는 재주가 있어. 구렁이는 움직임이 느리고 조용해. 하지만 굵은 몸으로 부드럽게 잘도 움직이지. 그래서 아무리 높은 담도 쓱 하고 조용히 넘어간단다. 수찬이처럼 말이야.

구렁이는 우리나라 뱀 가운데 가장 커. 다 자란 구렁이는 길이가 2미터나 되지. 속담에서도 알 수 있듯이, 예전에는 구렁이를 집 근처에서 쉽게 볼 수 있었단다. 구렁이는 집의 돌담이나 밭둑, 방죽 같은 곳에 살면서 쥐나 개구리, 새 등을 잡아먹거든. 독이 없으면서 곡식을 훔쳐 먹

온몸이 누런빛을 띠는 구렁이야. '황구렁이'라고 부르지.

온몸이 검은 구렁이야. 흔히 '먹구렁이'라고 불러.

는 쥐를 잡아 주기 때문에 사람들은 구렁이를 봐도 잡지 않고 살려 두는 경우가 훨씬 많았어. 또 구렁이를 무심코 해치면 해코지를 당할지도 모른다는 생각 때문에도 구렁이를 함부로 잡지 않았지.

구렁이는 몸 색깔에 따라 달리 부르기도 하는데, 몸이 까만 구렁이는 '먹구렁이' 또는 '흑지', 몸이 누런 것은 '황구렁이'라고 불러. 하지만 이제 구렁이는 멸종위기 야생생물 Ⅱ급으로 지정되어 보호를 받고 있단다. 사람들은 보기에 징그럽다는 이유로, 또는 구렁이로 약을 지어 먹으면 몸에 좋다며 닥치는 대로 잡았어. 또 구렁이가 쥐약을 먹은 쥐를 잡아먹는 바람에 덩달아 죽은 경우도 많았지.

시골 마을의 집들이 초가 지붕의 돌담에서 시멘트로 바뀌고, 구렁이 먹이인 쥐도 많이 줄어서 이제 담 넘는 구렁이를 보기는 힘들어졌단다.

지금은 보기 힘들어졌지만, 개체 수를 늘리기 위한 연구에는 많은 힘을 쏟고 있답니다.

 구렁이의 먹이 사냥법

구렁이는 독이 없어. 대신 힘이 센 몸통을 이용해서 사냥을 한단다. 먹이가 나타나면 혀를 날름거려서 어디에 있는지 위치를 파악해. 그래서 깜깜한 밤에도 냄새를 통해 먹이를 찾을 수 있어. 먹이가 가까워지면 입으로 문 다음, 힘이 좋고 긴 몸통을 이용해 꼼짝 못하도록 휘감지. 먹잇감의 숨이 끊어지면 꽁꽁 감았던 몸을 풀고 머리부터 한입에 삼켜 버려. 구렁이가 가장 좋아하는 먹이가 쥐인데, 한 해에 100마리도 넘게 잡아먹는단다.

구렁이가 쥐를 잡아먹고 있어.

벼룩의 간을 내어 먹는다

부자 영감과 가난한 영감이 이웃하여 살고 있었어.

부자 영감은 어찌나 욕심이 많은지 제 집 위를 날아가는 새도 모두 제 것이라 우기고, 꾸어 준 것은 다섯 배로 돌려받았지. 반대로 가난한 영감은 인정이 넘쳤어. 배고픈 동냥아치가 오면 나물죽이라도 쑤어 주고, 쥐가 곡식을 갉아먹어도 그냥 두었단다.

어느 날 저녁, 부자 영감이 고등어를 구워 먹고 있었어. 마침 배가 고픈 가난한 영감이 담벼락 밑에서 냄새를 맡고 있었지. 그때 부자 영감 귀에 가난한 영감의 쿵쿵대는 소리가 들려오는 거야.

"겉으로는 착한 척하더니 남의 집 생선 굽는 냄새나 훔쳐 맡고 있는가? 내가 열 냥 주고 산 고등어이니, 냄새 맡은 값으로 닷 냥 내게!"

벼룩의 간을 내어 먹어도 정도가 있지. 가난한 영감은 아무 대꾸도 못 했어. 그날 밤, 가난한 영감의 아들이 이 일을 알게 되었지.

다음 날, 가난한 영감의 아들은 돈 열 냥을 들고 부자 영감 집으로 갔어.

"영감님, 저희 아버지가 냄새 맡은 값을 드리러 왔습니다."

부자 영감은 옳다구나 하며 마루로 나갔어. 그런데 가난한 영감 아들이 돈을 주지는 않고 주머니에 담긴 열 냥을 짤랑짤랑 흔들기만 하는 거야.

"자, 돈 소리 잘 들으셨지요? 우리 아버지가 영감님네 고등어 냄새 맡은 값입니다. 그런데 이 안에 열 냥이 들어 있으니 어쩌지요? 이번에는 제게 닷 냥을 주셔야겠습니다!"

부자 영감은 아무 말도 하지 못하고 얼굴만 붉혔단다.

지나친 욕심을 부리다가는
부자 영감처럼 망신을 당할 수 있단다.

벼룩의 간은 어디에 붙어 있을까?

벼룩의 몸에 간은 없지만, 제 역할을 하는 신체 구조를 모두 갖추고 있네요.

    벼룩은 2~4밀리미터 정도의 작은 곤충이야. 이 작디 작은 곤충의 몸에서 무얼 하나 내어 먹는다는 게 얼마나 인정 없는 일인지 알겠지? 가난한 영감한테서 돈을 빼앗으려고 한 부자 영감처럼 말이야.

    '뛰어 봤자 벼룩', '벼룩도 낯짝이 있다'라는 말은 벼룩이 아주 작은 곤충임을 나타내는 속담이야. 하지만 크기가 아무리 작아도 벼룩은 엄연히 머리, 가슴, 배를 가진 곤충이지. 게다가 훌쩍 잘 뛰는 재주도 가졌어. 반면 사람이나 동물의 몸에 붙어 해로운 일을 하기도 해. 사람이나 동물의 몸에 붙어 피를 빨아 먹기 때문에 흑사병과 같은 무서운 전염병을 옮기기도 하거든. 그러니 작다고 무시할 수는 없겠지?

    그럼 벼룩의 간은 어디에 붙어 있을까? 있다고 해도 우리 눈으로 보기는 쉽지 않을 정도로 작겠지만 사실, 벼룩에게 간은 없단다. 벼룩뿐 아니라 벌레들에게는 간이 없어. 간은 사람이나 개, 원숭이, 고래, 물고기처럼 등뼈를 가진 척추동물에게만 있는 기관이지. 대신 벼룩의 몸에는 간과 비슷한 기능을 하는 '지방체'라고 부르는 조직이 있어. 지방체는 벼룩의 몸 여기저기에 흩어져 있지. 벼룩은 작아도 정교한 몸 구조를 지니고 있어. 입에서 항문까지 이어

동물의 털 속에 있는 벼룩의 모습이야.

진 관은 먹이를 먹고 소화를 시키는 역할을 하는데, 관의 위치와 역할에 따라 식도, 위, 장 등으로 나뉜단다. 사람은 코나 입으로 숨을 쉬지만 벼룩과 같은 곤충은 '기문'이라는 구멍으로 산소를 들이마셔. 기문으로 들어온 산소는 근육과 소화기, 뇌 등으로 전해지지. '배맥관'이라는 등쪽에 있는 혈관은 사람의 심장처럼 혈액을 몸 전체로 보내는 일을 한단다.

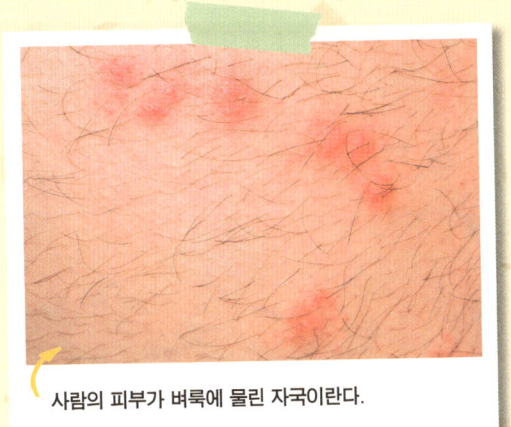

사람의 피부가 벼룩에 물린 자국이란다.

크든 작든 모든 생물은 생존에 어울리는 정교한 신체를 가지고 있는 법이지요.

 벼룩의 뛰는 힘

벼룩은 작은 몸으로 퐁퐁 뛰는 재주를 가졌어. 벼룩이 잘 뛰는 건 길고 튼튼한 뒷다리 덕분이란다. 뒷다리의 단단한 근육으로 뛸 때 순간적으로 힘을 낼 수 있는 거야. 벼룩뿐 아니라 거품벌레, 메뚜기 등 높이뛰기를 잘하는 곤충은 모두 뒷다리의 넓적다리마디가 발달해 있지. 벼룩은 최고 20센티미터까지 뛴다는 기록이 있어.

벼룩의 몸을 둘러싼 피부가 단단하면서 매끈해서, 뛸 때 공기의 저항을 적게 받는다는 점도 벼룩이 높이뛰기를 잘할 수 있는 비결 중 하나란다.

벼룩의 몸

다시 읽는 우리 속담 21

콩으로 메주를 쑨다 해도 곧이듣지 않는다

나무꾼이 나무를 하는데, 발 아래로 개암 하나가 톡 떨어졌어.
"이따 배고프면 먹어야겠다."
잠시 후 비가 한 방울씩 떨어지더니, 갑자기 장대비가 쏟아지는 거야. 나무꾼은 비를 피해 산속 빈집을 찾아 들어갔지. 그런데 도깨비 무리가 들어오는 게 아니겠어? 나무꾼은 얼른 대들보 위로 올라갔어. 도깨비들은 방망이를 휘두르며 춤추고 노래했어.
나무꾼은 오돌오돌 떨면서도, 배가 고팠지. 그래서 주머니 속에서 개암을 꺼내 입속에 넣고 "딱!" 깨물었어.
신나게 놀던 도깨비들은 화들짝 놀라, 허둥지둥 도망갔지.

나무꾼은 도깨비들이 놓고 간 방망이로 뭐든 뚝딱 얻어, 부자가 되었어.
옆 마을 욕심쟁이 영감이 이 소식을 듣고는 개암 한 알을 들고 산속 빈 집으로 가, 도깨비들을 기다렸어. 한참을 기다리자, 정말 도깨비들이 들어와 커다란 방망이를 휘두르며 노는 거야. 영감이 옳다구나 하며 "딱!" 하고 힘껏 개암을 깨문 순간, 도깨비들은 대들보 위의 욕심쟁이 영감을 가리키며, 사나운 얼굴로 말했지.

"저번에 우리를 놀라게 하고 방망이를 훔쳐 간 녀석이다!"
"방망이는 제가 가져가지 않았어요. 살려 주세요."

하지만 도깨비들은 **콩으로 메주를 쑨다 해도 곧이 듣지 않을 만큼** 단단히 화가 나 있었지. 영감은 도깨비들에게 둘러싸여 밤새 혼이 났단다.

남이 가진 것을 탐내거나 지나치게 욕심을 부리다가 오히려 더 큰 손해를 본 적은 없니?

메주를 쑤는 콩이 따로 있을까?

메주를 쑤는 데 쓰는 메주콩이야.

검은콩은 겉은 검지만 속은 노랗지.

도깨비 방망이를 얻을 욕심에 영감은 꼼짝없이 도둑으로 몰리고 말았어. 그 상황에선 아무리 사실을 말해도 도깨비들은 믿지 않을 수밖에 없지.

우리 식탁 위의 필수 식품인 고추장, 된장 등의 장을 만드는 기본 재료가 메주라는 건 잘 알고 있지? 메주를 콩으로 만든다는 것도 이미 알고 있을 거야.

'밭에서 나는 쇠고기'라고 불릴 만큼 콩에는 단백질이 많아서 아주 오래전부터 우리 식탁을 풍요롭게 만들어 주던 열매란다. 콩은 한해살이 식물로 줄기가 60~100센티미터 정도로 곧게 자라는데, 품종에 따라서 덩굴로 자라는 것도 있어. 3장의 작은 잎이 나고 7~8월쯤 잎겨드랑이에 자줏빛을 띠는 붉은색이나 흰색의 꽃이 피어. 그중 몇 개의 꽃이 결실을 맺어 꼬투리가 되는데, 그 꼬투리 속에는 1~7개의 씨가 들어 있지. 이 씨가 꼬투리 속에서 완전히 익으면 우리가 먹는 콩이 되는 거야.

콩은 품종에 따라 모양과 크기, 색깔도 다르고 이름도 달라. 그리고 맛과 쓰임새도 다양하지. 메주를 쑤는 메주콩은 우리가 흔히 '콩'이라고 부르는 노란콩으로 '대두'라고도 하는데, 가장 많이 재배되는 콩이야. 두부를 만들어 먹기도 하고, 싹을 틔워 나물로 먹기도 하지. 메주콩

콩의 종류가 이렇게 다양한 줄 몰랐네요.

▲ 완두콩　　　▲ 강낭콩　　　▲ 동부콩

콩에는 많은 영양분이 들어 있고, 약으로도 많이 쓰여요. 우리의 건강을 지켜 주는 고마운 식물이지요.

속에 들어 있는 성분은 항암 작용을 하고 비만과 변비를 예방해 주는 효과가 있다고 해. 주로 밥에 넣어 먹거나, 콩조림으로 해 먹는 콩으로는 '검은콩'이 있어. 겉은 검은콩과 같지만 속이 파란 것은 '서리태'라고 불러. 또 검은콩보다 훨씬 잘고 쥐눈처럼 생긴 '쥐눈이콩'도 있지. 그 밖에 완두콩, 강낭콩, 울타리콩, 풋콩, 작두콩, 동부콩 등 콩의 가짓수는 아주 다양하단다.

 콩과 식물에는 무엇이 있을까?

메주를 쑤는 메주콩이나 완두콩, 강낭콩, 작두콩, 검은콩 등은 식재료로 많이 이용되는 재배 콩이야. 재배 콩 말고도 우리나라 야생에 자생하는 돌콩, 새콩 등도 있단다. 이러한 콩과 식물은 생태계에서 아주 중요한 역할을 해. 뿌리 속 박테리아와 공생하며 토양의 중요한 양분인 질소를 땅속으로 옮기면서 토양을 기름지게 만들거든. 콩과 식물에는 위에서 얘기한 콩들처럼 우리가 먹을 수 있는 열매로 맺는 식물도 있지만, 아까시나무, 싸리, 칡, 토끼풀과 같은 것도 있단다.

여러 가지 콩과 식물

완두콩　　　메주콩　　　제비콩

가을에 핀 연꽃이다

민주가 기다리고 기다리던 가을 체험학습 날이 다가왔어. 민주는 교실이나 집보다는 밖으로 나가는 걸 훨씬 좋아했어.

민주는 집에 오자마자 콧노래를 부르며 가방부터 챙겼어. 수첩이랑 필기도구 먼저 넣고, 친구들이랑 먹을 젤리랑 과자도 챙겼지.

"내일 예쁘게 하고 가야지."

다음 날 아침, 민주는 엄마가 깨우지 않았는데도 벌떡 일어났어. 밥도 제일 빨리 먹고, 미리 골라 뒀던 예쁜 옷을 꺼내 입었지.

"아니, 민주야! 야외 활동하는데, 불편하게 웬 원피스니? 가을이라 오후 되면 쌀쌀하단 말이야. 다른 걸로 갈아입어."

"싫어. 이거 입으면 기분이 더 좋단 말이야."

민주는 하늘하늘한 원피스에 보라 구두까지 챙겨 신고 학교로 갔어.

"민주야, 같이 가자!"

같은 아파트에 사는 친구 윤하가 민주를 보고 달려왔어. 민주랑 윤하는 친구들과 선생님이 있는 운동장으로 뛰어갔지. 선생님은 민주를 보더니 미소 지으며 말했어.

"우리 민주를 보니 **가을에 핀 연꽃**이 따로 없네. 체험학습 간다고 기분이 좋았나 보구나?"

민주는 선생님의 말에 고개를 갸우뚱했단다.

'내가 꽃처럼 예쁘다는 말씀이신가?'

어떤 일을 시기에 맞지 않게 하거나, 때에 맞지 않는 행동을 해서 당황하거나 곤란했던 적이 있었니?

가람 박사의 생태 이야기
연꽃은 가을에 피는 꽃이 아니라고?

연못에 자란 연꽃이야. 연꽃의 잎과 열매는 약으로 쓰이고, 뿌리는 주로 먹는단다.

'가을에 핀 연꽃'이란 말에 민주처럼 갸우뚱하는 친구들이 있니?

사실 연꽃은 7~8월 한여름에 활짝 피는 꽃이거든. 야외 활동과 계절에 맞지 않는 옷을 입고 간 민주처럼, 시기에 맞지 않는 일을 할 때 쓰는 속담이야.

연꽃은 연못 속 진흙에서 자라지만 깨끗하고 순결한 꽃의 상징으로 여겨져 왔어. 그래서 우리나라에는 사랑에 얽힌 전설 속에 많이 등장하는 꽃이기도 해. 특히 연꽃은 불교와도 연관이 깊어. 절 같은 곳에 가면 연꽃 위에 앉아 있는 부처를 쉽게 볼 수 있고, 석가 탄신일 때 연꽃 모양의 연등을 다는 것을 봐도 알 수 있지.

연꽃은 물에서 자라는 여러해살이풀인데, 뿌리줄기가 옆으로 뻗으며 마디가 많고 이 뿌리줄기에서 잎이 나와. 잎은 1~2미터의 키로 자란 잎자루 끝에 우산처럼 커다랗고 둥근 원 모양을 하고 있어. 7~8월이 되면 진분홍 또는 하얀색의 탐스러운 연꽃이 피는데, 꽃잎은 마치 달걀을 거꾸로 세운 것과 같은 모양이란다. 연꽃 열매인 '연밥'은 꽃받침의 구멍 속에 들어 있는데, 타원형 모양이고 검은색으로 익어.

연꽃은 탐스러운 모습만큼이나 많은 쓰임새로 사람들에게 친숙한

연꽃은 정말 버릴 데 하나 없는 꽃이네요. 그럼 가을에는 어떤 꽃들이 피나요?

데, 먹기 위해 논밭에서 재배되기도 해. 연꽃의 땅속줄기 부분이 우리가 흔히 반찬으로 만들어 먹는 '연근'이야. 연근에는 비타민과 미네랄이 많아서 많은 요리에 이용되지. 연꽃의 뿌리줄기나 연밥은 약재로 쓰이기도 해. 또 연잎은 해독 작용이나 피를 멈추게 하는 작용 등으로 치료제로 쓰이기도 하고, 요즘은 연잎을 끓여 먹거나 연잎을 싸서 밥을 해 먹기도 한단다.

연잎을 싸서 밥을 한 연잎밥과, 연근 요리야.

우리가 가장 많이 알고 있는 코스모스, 국화부터 구절초, 방울꽃, 부용, 산국, 감국 등이 가을에 피지요.

연꽃과 수련은 어떻게 다를까?

연꽃과 수련은 수련과에 딸린 여러해살이풀로 자라는 곳도 같아서 구분하기가 어려울지도 몰라. 하지만 자세히 보면 조금씩 다르단다.

연꽃은 잎이 물 위에 뜬 잎과 물 위로 솟아올라온 잎이 함께 있고, 꽃도 물 위로 솟아올라 피어. 하지만 수련은 잎이 모두 물 위에 뜬 잎으로 자라고, 꽃도 수면과 가까운 높이로 피지. 그리고 연꽃 잎은 둥근 모양으로, 잎 표면에 물이 묻지 않고 물방울만 맺히지만, 수련 잎은 한쪽이 갈라진 모양이고, 잎 표면에 물이 묻는단다.

수련은 뿌리줄기가 밑바닥으로 뻗고, 뿌리에서 잎이 뭉쳐난단다.

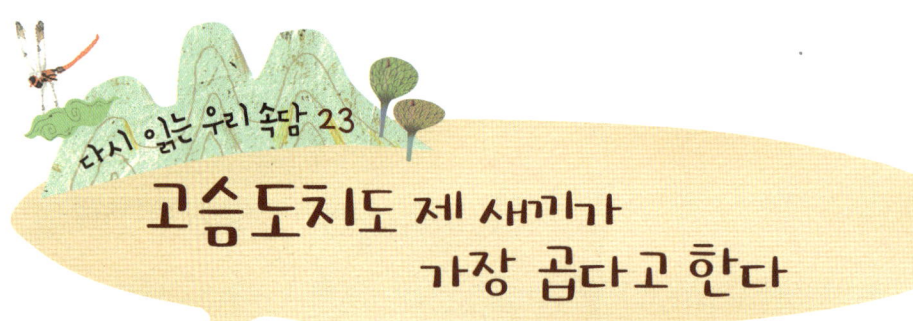

다시 읽는 우리 속담 23
고슴도치도 제 새끼가 가장 곱다고 한다

연못 마을에 엄마와 아들 청개구리가 살고 있었어. 아들은 매일 말썽 부리는 게 일이었지. 아침에 일어나라고 하면 쿨쿨 늦잠을 자고, 밤에 자라고 하면 안 자고 버티며 밤새 놀았어. 밥 먹으라 하면 안 먹는다 하고, 집에서 놀라 하면 밖으로 나갔지. 아들 청개구리는 엄마 말이라면 뭐든 반대로 행동했던 거야.

"뭐든 반대로 하는 게 재미있단 말이지. 굴개굴개!"

엄마 청개구리는 아들 걱정에 하루도 마음 편할 날이 없었어. 이런 마음의 병이 결국 엄마 청개구리를 몸져 눕게 만들었지.

'내가 죽으면 우리 아들은 어쩌나……'

고슴도치도 제 새끼가 가장 곱다 한다고, 엄마 청개구리는 시름시름 앓으면서도 아들 걱정만 했어.

엄마 청개구리는 아들 청개구리를 불러 놓고 말했어.

"엄마가 죽거든 강가에 묻어 다오."

늘 반대로 행동하는 아들이었기 때문에, 그렇게 말해야 양지바른 땅에 묻어 줄 거라 생각하고 엄마 청개구리는 반대로 얘기했던 거야.

얼마 뒤, 엄마 청개구리는 눈을 감고 말았어.

"엄마, 제가 잘못했어요. 엉엉!"

땅을 치며 후회한 뒤에야 정신을 차린 아들 청개구리는 엄마의 유언대로 엄마를 강가에 묻었어. 그 후, 아들 청개구리는 비가 오는 날이면 엄마 무덤이 떠내려갈까 봐 목 놓아 울었단다.

"개굴개굴, 비야, 그쳐라. 엄마 무덤 안 떠내려가게 제발 그쳐라!"

**엄마 청개구리의 말을 듣지 않는 아들 청개구리의 모습을 보면서
평소에 부모님을 대하는 내 모습은 어땠는지 생각해 보렴.**

가람 박사의 생태이야기
고슴도치는 태어날 때부터 가시가 있을까?

요즘은 고슴도치를 집에서 키우는 사람도 많이 있어요.

온몸에 바늘처럼 뾰족뾰족한 가시를 가지고 있는 고슴도치라고 해도 고슴도치 엄마에게는 그 누구보다 귀엽고 사랑스럽게만 보일 거야. 엄마 청개구리가 눈을 감는 순간까지 말썽쟁이 아들 청개구리 걱정만 하는 것처럼 말이야.

고슴도치는 네 발이 짧고 통통한 귀여운 모습이지만, 배 부분만 빼고 몸이 온통 촘촘한 가시로 덮여 있는 동물이야. 그럼, 고슴도치는 태어날 때부터 몸에 가시가 있을까? 만약 그렇다면 어미 고슴도치는 아기 고슴도치를 낳을 때나 안을 때 가시 때문에 아프지는 않을까? 다행히 아기 고슴도치가 엄마 배 속에 있을 때는 가시를 피부에 숨기고 있어. 그러다가 태어난 지 3일 정도 지나야 몸에서 가시가 나오기 시작하기 때문에 어미 고슴도치는 전혀 아프지 않단다.

고슴도치 입은 돼지처럼 뾰족해.

고슴도치는 우리나라 포유동물 중에서 유일하게 가시털을 가지고 있는 동물인데, 가시 숫자는 무려 만 개가 넘어. 고슴도치는 생후 5주 이후부터 6개월 사이에 가시가 빠지고 새로운 가시가 다시 나는 '가시갈이'를 한단다. 야산, 농경지, 숲, 공원 등 어디서든 쉽게 볼 수 있는데 주로 밤에 활동하면서 벌레, 지렁이, 개구리, 채소 심지어 뱀까지 아무거나 잘 먹는 잡식 동물이야. 대신 부엉이나 올빼미 같은 동

▲ 고슴도치 새끼들이 어미의 젖을 먹고 있어.

▲ 몸을 동글게 말고 있는 고슴도치야.

물에게 잡아먹히기도 하지. 고슴도치는 평소에는 가시를 눕히고 있다가 위험에 처했을 때는 네 다리를 배 쪽으로 모아 몸을 둥글게 하고 가시를 뾰족하게 세운단다. 높은 곳에서 떨어져도 가시가 충격을 흡수해 주기 때문에 고슴도치 몸을 보호하는 역할을 하기도 해.

자신을 보호하는 든든한 가시 때문인지 고슴도치는 사람을 봐도 잘 피하지 않지요. 사람과 친숙해지면 가시를 세우는 횟수도 줄어들 거예요.

고슴도치랑 비슷한 동물, 산미치광이

고슴도치처럼 몸이 가시로 뒤덮인 동물이 있는데, 바로 '산미치광이'야. 다른 이름으로 '호저'라고도 해. 가시가 빽빽한 겉모습은 고슴도치랑 비슷하지만, 고슴도치보다 몸 크기도 크고, 꼬리도 길어. 그리고 몸에 난 가시도 긴데, 머리에는 가시가 갈기처럼 길게 나 있지. 고슴도치는 가시를 방패로 사용하지만 호저는 가시를 창처럼 사용해.
아무거나 잘 먹는 고슴도치와는 달리 산미치광이는 아시아, 아프리카, 유럽의 열대 쪽에 살면서 주로 풀뿌리나 나무껍질, 곡식 등을 먹어.
산미치광이가 적을 공격하면 긴 가시가 산미치광이의 몸에서 빠져 적의 몸에 박히고 만단다.

산미치광이도 위험이 닥치면 몸을 밤송이처럼 동그랗게 만단다.

다시 읽는 우리 속담 24
제비는 작아도 강남 간다

"지후야, 연우 손 좀 씻겨 줘."

다섯 살 꼬마 연우는 지후의 여동생이야. 엄마는 시도 때도 없이 지후를 불렀지.

"지후야, 동생 옷 입는 것 좀 도와주렴."

"지후야, 연우랑 좀 놀아 줘."

지후보다 다섯 살이나 어린 동생이었지만, 지후는 연우가 얄밉고 괜히 샘이 났어. 엄마와 아빠는 연우만 챙기는 것만 같고, 왠지 엄마 아빠 사랑을 독차지하는 것만 같았거든.

"어휴, 김연우! 넌 혼자 양말도 못 신냐?"

지후는 엄마가 동생 좀 돌봐주라고 할 때마다 귀찮아하며 투덜거렸어.

며칠 후, 지후의 생일날 지후는 친구들을 초대했어. 엄마가 차려 준 맛있는 음식과 케이크를 앞에 두고 친구들은 축하 노래를 불러 주었지.

"생일 축하합니다. 사랑하는 김지후 생일 축하합니다."

지후가 촛불을 끄려는데, 연우가 먼저 나서서 초를 훅 불었어.

'어휴, 이 아무것도 모르는 꼬맹이가! 자기 생일인가!'

친구들이 지후에게 선물을 주자, 연우도 뭔가를 내밀었어.

반으로 접은 네모난 색종이 안에는 삐뚤빼뚤한 글씨가 쓰여 있었지.

지후는 뭔지 모르게 마음이 뭉클했어. 그동안 쬐끄맣다고 연우를 구박했던 것도 미안해졌지. 그때 엄마가 미소 지으며 말했어.

"제비는 작아도 강남 간다더니, 연우가 오빠 생일도 챙기고 기특하네."

나이, 외모 등 겉으로 가진 조건과는 상관없이, 마음만 먹으면 누구든 제 역할을 할 수 있는 법이란다. 어떤 상황에서도 제 역할을 다하는 사람이 되어야겠지?

가람 박사의 생태 이야기
제비는 왜 강남에 갈까?

요즘 도심에서는 제비를 흔히 볼 수 없는 것 같아요.

　손바닥만 한 크기의 작은 제비도 때 맞춰 자기 할 일을 모두 해내는 법이야. 모든 게 부족한 것투성이인 어린 연우가 오빠의 생일을 챙긴 것처럼 말이야.

　제비는 옛날부터 사람 가까이에 집을 짓고 살았어. 그래서 우리에게는 아주 친숙한 새야. 그런데 왜 제비는 강남에 가는 걸까? 제비는 이른 봄에 우리나라로 와서 알을 낳고 새끼를 키우다 날씨가 추워지기 시작하면 따뜻한 남쪽으로 날아가 겨울을 지내는 여름 철새이기 때문이야. 제비가 가는 강남은 우리나라 서울의 '강남'이 아니라, 중국 양쯔 강 남쪽인 대만, 필리핀, 베트남 등의 동남아시아를 뜻해.

　예부터 제비는 음력 9월 9일에 강남으로 갔다가 음력 3월 3일 삼짇날에 돌아온다고 해서 아주 똑똑한 새로 여겼어. 제비는 보통 처마 밑이나 건물 틈새에 둥지를 짓는데, 한 번 둥지를 지어 놓고서는 해마다 같은 둥지를 고쳐서 사용한다고 해. 그만큼 영리한 새로 여겼기 때문에 옛사람들은 제비가 집 안에 둥지를 틀면 좋은 일이 일어날 징조로 생각하고, 제비가 새끼를 많이 낳으면 풍년이 든다고 믿기도 했단다.

제비가 추운 겨울을 나기 위해 먼 강남까지 날아갈 수 있는 비결은 바로 제비 날개에 있어. 제비는 작은 몸에 비해 날개가 크고 발달해서 오랜 시간 동안 하늘을 잘 날 수 있거든. 시속 40킬로미터 정도의 속도로 나는데, 높이 날다가 땅 위를 스치듯 날기도 하며 날아다니는 곤충이나 땅 위의 곤충을 잡아먹는단다.

두 갈래로 갈라진 제비의 꽁지깃은 하늘을 날 때 방향을 마음대로 바꾸거나 빠르기를 조절할 수 있게 해 줘.

제비는 둥지 재료를 구할 때 말고는 좀처럼 땅에 내려앉지 않지요. 제비의 수도 전보다 많이 줄었답니다.

추운 겨울에 강남 가는 여름 철새는?

제비
제비는 눈이 커서 빨리 날면서도 앞을 잘 볼 수 있고, 부리가 넓고 짧아서 날면서도 곤충을 쉽게 잡아먹을 수 있어.

꾀꼬리
눈에서 뒷머리까지 검은 띠가 있고 꽁지와 날개 끝이 검은색이야. 울음소리가 아름답단다.

뻐꾸기
지빠귀나 때까치 등 남의 둥지에 알을 낳고, '뻐꾹뻐꾹' 하고 구슬프게 우는 새로 유명해.

물총새
강물 같은 물가에 살면서 개구리나 민물고기 등을 잡아먹고 살아.

뜸부기 (수컷)
논이나 갈대숲에 살면서 '뜸북뜸북' 하고 울지.

다시 읽는 우리 속담 25
참새가 방앗간을 그냥 지나치지 않는다

토요일 아침, 놀이공원에 놀러 가기로 한 날이야. 정윤이는 며칠 전부터 들떠 있었지. 무엇보다도 놀이공원에 가면 동물원과 식물원에도 들를 수 있으니까. 정윤이는 꽃과 동물을 좋아하는데, 특히 개미나 나비 같은 곤충에 무척 관심이 많아.

놀이공원은 사람들로 북적거렸지만, 정윤이는 동생 하윤이 손을 꼭 잡고 씽씽 바람을 가르며 놀이 기구를 탔어. 시간 가는 줄도 모르고 말이야. 그런데 하윤이가 화장실에 가고 싶다는 거야.

"하윤아, 언니 손 꼭 잡고 다녀와."

그런데 한참 후에 하윤이만 혼자 터덜터덜 걸어오는 게 아니겠어?

"엄마, 화장실에서 나왔는데 언니가 없어."

엄마, 아빠는 정윤이를 찾아 뛰어다녔어. 정신없이 이리저리 둘러보던 아빠 눈에 '곤충 특별전'이라는 간판이 보였지.

'혹시 정윤이가 저기 간 거 아닐까?'

정윤이는 평소에 작은 개미만 봐도 넋을 놓고 관찰했거든.

"정윤아, 말도 없이 여기 와 있으면 어떡해. 걱정했잖아."

참새가 방앗간을 그냥 지나치지 않는다고, 정윤이는 하윤이를 기다리다 우연히 보게 된 곤충 특별전으로 갔던 거야.

"엄마, 이거 보세요. 이 애벌레가 나비가 된대요!"

정윤이의 못 말리는 곤충 사랑 때문에, 오늘도 정윤이네 가족은 잊지 못할 추억을 남긴 하루가 되었단다.

너희도 너무 좋아해서
그냥 지나치지 못하는 것이 있니?

참새가 방앗간에 몰려드는 이유는?

참새 부리는 검은색이고, 몸은 다갈색이야.

참새 둥지의 알이란다.

가을에는 참새가 곡식을 쪼아 먹느라 농작물에 피해를 주기도 하겠어요.

　　동생을 기다리는 것도 잊고 만 정윤이의 곤충 사랑이 참 대단하지? 누구라도 자기가 좋아하는 걸 그냥 지나치기는 힘들 거야. 참새가 방앗간을 그냥 지나치지 못하는 것처럼 말이야. 그런데 참새는 왜 방앗간을 좋아하는 걸까? 방앗간은 곡식을 찧거나 빻는 곳이야. 이쯤 되면 아마 짐작하는 친구들도 있을 거야.

　　그래, 참새는 방앗간의 곡식을 좋아하는 거지.

　　앞에서 제비에 대해 알아봤는데, 제비보다 더 흔히 볼 수 있는 새가 바로 참새야. 참새는 농촌과 도시, 사람들이 사는 집 주변, 풀밭, 갈대밭 등 우리나라 전국 어디에서나 쉽게 볼 수 있는 텃새란다. 오래된 나무 구멍이나 돌 틈, 사람이 사는 집의 건물 틈 등에 둥지를 짓고 살지. 참새는 암컷과 수컷이 거의 비슷하게 생겼고, 번식기에는 암수가 짝지어 생활하는데 2~7월에 4~8개의 알을 낳아. 어미 참새가 12~14일 정도 알을 품으면 알에서 새끼가 태어나고, 새끼 참새는 14일 만에 둥지를 떠난단다. 어미 참새가 새끼를 키우는 동안에는 둥지에서 200미터 이상 떨어지지 않고, 하루에 600번도 넘게 먹이를 나른다고 해.

참새는 계절에 따라 다양한 먹이를 먹는데, 봄부터 가을까지는 자연에서 쉽게 구할 수 있는 풀씨, 나무 열매, 딱정벌레, 나비, 메뚜기, 농작물의 낟알 등을 먹어. 특히 예부터 먹이를 구하기 어려운 추운 겨울이 되면 사람들이 사는 집 주변의 방앗간으로 참새들이 무리지어 몰려들어 벼 이삭이나 볍씨를 주워 먹었던 데에서 '참새 방앗간'이라는 말이 나온 거란다.

▲ 가을 들판의 곡식을 먹는 참새들이야.

하지만 참새가 논밭의 해로운 곤충들을 잡아먹어 주기 때문에 사람에게 이로운 새이기도 하답니다.

 참새의 재미있는 행동들

우리 생활 속에서 자주 볼 수 있는 새인 만큼 자세히 살펴보면 참새의 재미있고 귀여운 행동들을 관찰할 수 있어. 참새는 땅 위에서 먹이를 찾아다닐 때 양쪽 다리를 모아서 뛰고, 하늘로 날 때는 파도 모양을 그리면서 날아. 그리고 잠은 일정한 곳에서만 자는데 저녁쯤 되면 나무 위나 숲에 무리가 모여 시끄럽게 울지.

때로는 부리를 위로 치켜올리고는 부채 모양으로 꼬리를 확 편 채 몸을 뒤로 굽히는 과시 행동을 하기도 한단다.

참새의 날갯짓이 참 앙증맞지?

가재는 게 편이다

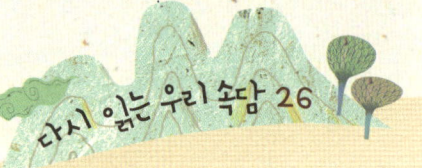

금강산 소금 장수가 급히 산을 넘고 있었어. 금강산에는 무서운 호랑이가 산다는 소문이 파다했거든. 아니나 다를까, 귀신처럼 나타난 호랑이는 소금 장수를 꿀꺽 삼켜 버렸지.

소금 장수가 눈을 뜨니 사방은 컴컴하고 바닥은 물컹거렸어.

그때 갑자기 "쿵!" 하더니, 사람 비명 소리가 들려왔지. 소금 장수는 소리 나는 곳으로 더듬더듬 기어가 물었어.

"나는 금강산 소금 장수인데, 뉘시오?"

"나는 태백산 기름 장수라오. 맞다, 나에게 등잔이 있어요."

등잔불에 주위가 금세 환해졌어. 그런데 호랑이가 갑자기 요동치는 거야. 그 바람에 등잔이 엎어져 호랑이 배 속이 타기 시작했지.

호랑이 고기 타는 냄새에 두 장수는 배가 고팠어.

　가재는 게 편이라고, 기름 장수가 호랑이 고기를 베어 내면, 소금 장수는 그 위에 소금을 솔솔 뿌렸어. 그러고는 둘이 맛있게 먹었지. 자기 배 속에서 무슨 일이 일어났는지 모르는 호랑이는 배를 잡고 데굴데굴 구르며 난리가 났어. 강물로 뛰어들고 온 산을 넘으며 나무에 부딪히고, 그러다 그만 절벽 아래로 떨어지고 말았지. 그 바람에 두 장수도 우당탕 넘어지고 한바탕 난리를 치렀어.

　"저쪽이 호랑이 똥구멍인 것 같으니 달려 나갑시다."

　소금 장수와 기름 장수는 죽을 힘을 다해 밖으로 달려 나왔지.

　이 이야기는 사람들 사이에 금방 소문이 났고, 임금님 귀에까지 들어갔어. 임금님은 사람들을 해치던 호랑이를 잡은 두 사람에게 큰 상을 내렸단다.

같은 처지에 있는 사람일수록 서로를 감싸 주며 도와주기 쉬울 거야. 그런데 같은 처지의 사람이라고 해서 무조건 편을 드는 것이 옳을까?

가재와 게를 편 가르기 할 수 있을까?

'가재는 게 편'이란 말과 비슷한 뜻으로 '솔개는 매 편이다', '초록은 동색이다'라는 말도 있어요.

호랑이에게 잡아먹혀 같은 처지가 된 소금 장수와 기름 장수는 의기투합해서 호랑이 배 속에서 탈출할 수 있었어. 이렇게 서로 같은 처지나 어울리는 사람끼리 사정을 봐주고 감싸 줄 때, '가재는 게 편이다'라는 말을 써.

그럼, 왜 가재와 게가 같은 편이라는 말이 나왔을까? 가재와 게는 둘 다 단단한 껍질이 몸을 감싸고 있는 '갑각류'에 속하는 동물이야. 딱딱한 등딱지뿐 아니라 커다란 집게발을 가지고 있다는 것도 비슷하지. 또 물속 바닥을 기어 다닌다는 점도 비슷해. 하지만 자세히 들여다보면 가재와 게는 다른 동물이야.

가재는 주로 깨끗한 계곡의 물이나 냇물 등에 살면서 돌 밑에 숨거나 개울 바닥에 구멍을 파고 들어가기도 해. 우리나라에서는 거의 전 지역에 널리 살고 있지. 어린 시절을 시골에서 보낸 어른이라면 누구나 앝

가재는 겉모습만 보면 오히려 새우랑 더 닮았어. 게와 새우의 중간형이라고 보면 되겠구나.

게의 큰 집게발은 먹이를 잡을 때 써. 게는 바다나 민물에서 살아간단다.

은 개울에서 가재를 잡아 본 경험이 있을 만큼 사람들에게는 친숙한 동물이란다. 게는 전 세계에 5000여 종이 있고, 우리나라에만도 187종 정도 분포해 있어. 많은 종류만큼이나 겉모습도, 살아가는 환경도 아주 다양하지.

가재와 게는 모두 다섯 쌍, 즉 열 개의 다리를 가지고 있어 '십각류'에 속하고, 한 쌍의 커다란 집게발을 가지고 있는데 정확히 말하면 집게발의 개수가 서로 달라. 가재는 큰 집게발 한 쌍과 2~3번째 다리도 집게 모양으로 되어 있어. 그리고 4~5번째 발은 갈고리 모양이지. 게는 큰 집게발 한 쌍에, 2~4번째 발은 뾰족한 모양이고, 5번째 다리는 아주 작아. 또 한눈에 봐도 알 수 있는 차이 중 하나는 몸통 모양과 걷는 모습이야. 가재는 몸통이 세로로 길고 위험에 처했을 때 뒤로 걷지만, 게는 몸이 가로로 길고 옆으로 걷는단다.

하지만 엄밀하게 보면 가재와 게, 솔개와 매는 모두 각각 다른 동물이지요.

여러 가지 갑각류

게, 새우, 가재는 모두 갑각류에 속하는 동물로, 몸이 단단한 껍질로 싸여 있어. 이 껍질은 척추동물의 뼈와 같은 역할을 하지. 곤충이 허물을 벗는 것처럼 갑각류도 자라면서 낡은 껍질을 벗는 '탈피'를 한단다.

갑각류는 다리가 잘려도 새 껍질이 다시 자라기 때문에 위험에 처할 땐 스스로 다리를 자르고 도망가기도 해. 갑각류는 우리가 먹는 맛있는 요리의 재료가 되기도 하는데, 그 종류도 아주 다양하단다.

갯벌 속 갑각류

방게 등딱지는 약 3센티미터 정도로 작아. 어두운 청록색의 몸에 노란색 집게를 가지고 있다. 주로 갯벌 진흙 바닥에 구멍을 파고 산단다.

갯가재 몸 길이가 15센티미터 정도로 납작해. 밤에 주로 활동하면서 작은 갑각류나 갯지렁이 등을 잡아먹고 살지.

쏙 갯가재와 비슷하게 생겼는데, 이마 위에 사마귀 모양의 돌기가 있어. 진흙 깊이 구멍을 파고 들어가 산단다.

다시 읽는 우리 속담 27

두꺼비 파리 잡아먹듯 하다

한 마을에 덩치가 산만큼 큰 아들과 어머니가 살고 있었어. 아들은 먹성이 하도 좋아 별명이 '밥장군'이었지. 그런데 밥장군은 덩치만 컸지, 힘이 약해 장작 하나 팰 줄 몰랐어. 일은 하나도 못 하고, 밥만 먹는 아들을 보다 못한 어머니가 말했지.

"밖에 나가 네 먹을거리라도 구해 오너라."

어머니에게 떠밀려 집을 나선 밥장군은 금세 배가 고파 왔어. 그때 마침 저 앞에 집이 하나 보이는 거야.

"저, 밥 한 그릇만 얻어먹을 수 있을까요?"

집 안에서는 할머니가 나오더니, 밥장군에게 말했어.

"밥은 얼마든지 줄 수 있다오. 대신 내 부탁 좀 들어 주구려."

밥장군은 밥부터 먹을 생각에 뭐든 하겠다 했지. 그리고 할머니가 내온 수북한 밥을 **두꺼비 파리 잡아먹듯** 먹어 치웠어. 할머니는 울며 말했지.

"호랑이가 우리 영감을 잡아갔다오. 세 아들이 호랑이를 잡겠다고 온 산을 매일 돌아다니는데, 힘센 젊은이가 좀 도와주시오."

"걱정 마세요. 호랑이는 제가 잡겠어요!"

밥장군은 큰소리를 떵떵 치고는 볼록한 배를 내민 채 잠들었지.

다음 날 아침, 밥장군은 세 아들과 산으로 갔어. 세 아들은 힘을 합해 호랑이를 몰아왔어. 그러자 커다란 호랑이가 밥장군을 향해 달려왔지.

호랑이를 잡겠다고 큰소리는 쳤지만, 힘도 없는 밥장군이 무슨 수로 호랑이를 잡겠어. 밥장군은 온 힘을 다해 도망쳤어. 그리고 **나무 위로 잽싸게 올라갔지.**

호랑이는 밥장군을 쫓아 나무 위로 무시무시한 발톱을 세운 앞발을 뻗어 밥장군의 바지를 잡았어. 그러다 그만 바지가 훌렁 벗겨졌지.

그때 소스라치게 놀란 밥장군의 엉덩이에서 방귀가 뽕 나왔어. 엄청난 방귀 힘에 그만 뿌직뿌직 똥까지 나오고 말았지.

난데없는 방귀와 똥벼락에 호랑이는 나무에서 쿵 떨어졌어. 뒤늦게 나타난 세 아들이 기절해 있는 호랑이를 보고는 입을 떡 벌렸지.

"젊은이, 정말 고마우이."

밥장군은 할머니에게 선물로 받은 산삼 세 뿌리를 들고 다시 길을 나섰어. 그런데 또 금세 배가 고픈 거야. 마침 커다란 기와집이 보였지.

기와집 안으로 들어가 방을 빼꼼 들여다보니, 사람들이 밧줄로 묶여 있고, 시커먼 수염이 덥수룩한 남자가 코를 골며 자고 있었어.

"도와주시오. 도둑이 우릴 묶어 놓고 술에 취해 잠들었다오."

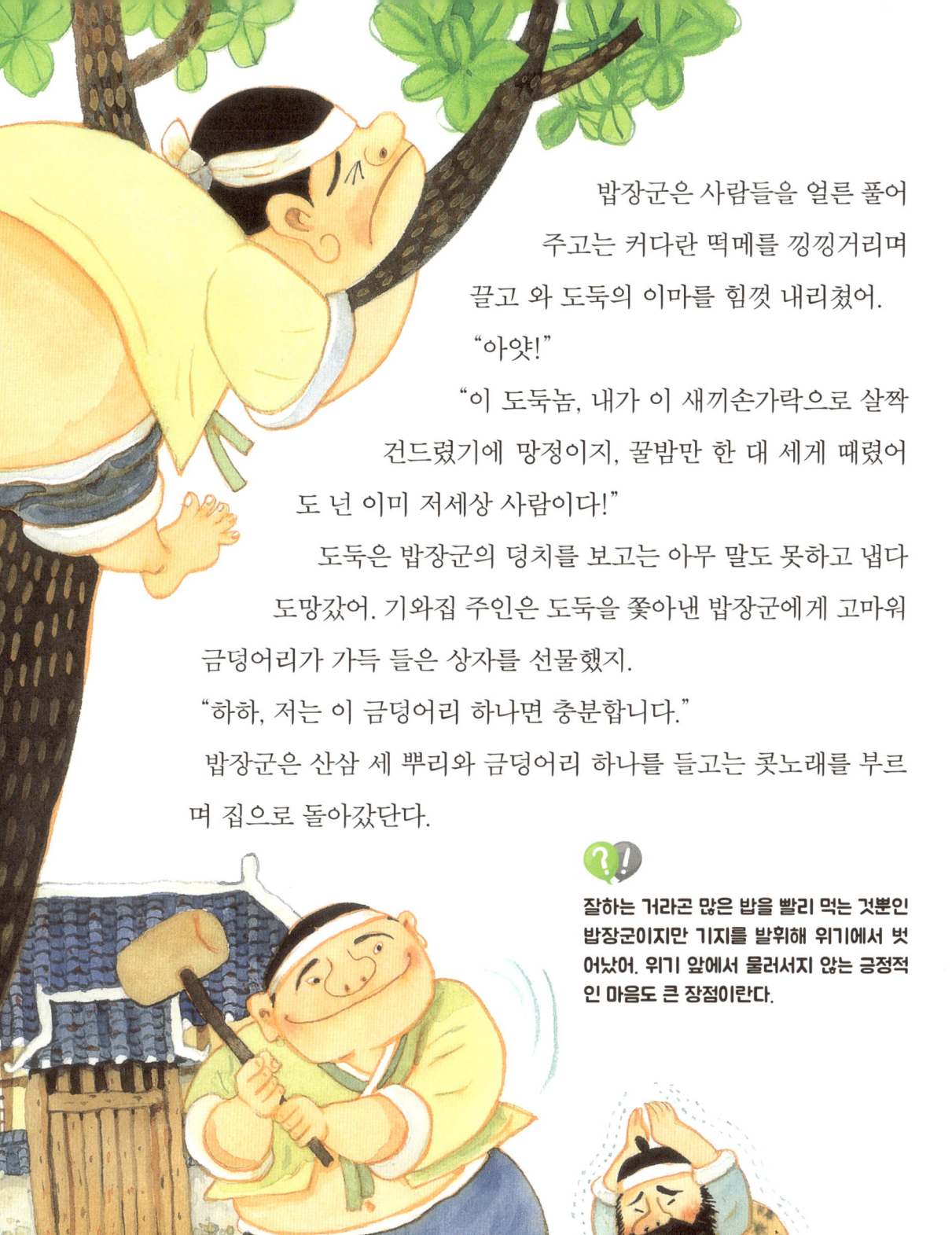

밥장군은 사람들을 얼른 풀어 주고는 커다란 떡메를 낑낑거리며 끌고 와 도둑의 이마를 힘껏 내리쳤어.

"아얏!"

"이 도둑놈, 내가 이 새끼손가락으로 살짝 건드렸기에 망정이지, 꿀밤만 한 대 세게 때렸어도 넌 이미 저세상 사람이다!"

도둑은 밥장군의 덩치를 보고는 아무 말도 못하고 냅다 도망갔어. 기와집 주인은 도둑을 쫓아낸 밥장군에게 고마워 금덩어리가 가득 들은 상자를 선물했지.

"하하, 저는 이 금덩어리 하나면 충분합니다."

밥장군은 산삼 세 뿌리와 금덩어리 하나를 들고는 콧노래를 부르며 집으로 돌아갔단다.

잘하는 거라곤 많은 밥을 빨리 먹는 것뿐인 밥장군이지만 기지를 발휘해 위기에서 벗어났어. 위기 앞에서 물러서지 않는 긍정적인 마음도 큰 장점이란다.

두꺼비는 움직이는 것을 어떻게 먹을까?

두꺼비 알과 올챙이의 모습이야.

두꺼비는 주로 육상 생활을 해.

움직임은 그렇게 느린 두꺼비가 먹이 먹는 속도는 빠르다니 신기해요.

밥장군이 순식간에 밥을 먹어 치우는 모습을 왜 두꺼비 파리 잡아먹는 것 같다고 했을까?

두꺼비는 파리, 잠자리, 나방, 메뚜기 같은 곤충이나 지렁이, 노래기, 달팽이 등 입으로 삼킬 수 있는 모든 동물을 잡아먹어. 두꺼비는 몸은 뚱뚱한 데다 다리는 굵고 짧아서 아주 느릿느릿 걷지만, 움직이는 먹이를 잡아먹는 데는 무척이나 재빠르단다. 먹이가 움직이면 가만히 지켜보고 있다가, 긴 혀로 눈 깜짝할 사이에 먹이를 낚아채 삼켜 버리지. 두꺼비는 개구리와 비슷하게 생겼지만, 생긴 모습부터 사는 곳까지 많은 게 달라. 두꺼비는 산속에서 살지만, 개구리는 주로 논이나 연못 등에서 살아. 개구리 몸이 반질반질하고 축축한 피부를 가지고 있다면, 두꺼비는 온몸에 오돌토돌하게 돌기가 나 있고 피부도 축축하지 않아. 두꺼는 머리가 크고 몸이 굵으며 통통한데, 개구리와 달리 뒷다리는 짧고 발가락 사이에 물갈퀴도 발달되어 있지 않단다. 또 겉으로 보이는 울음주머니가 없고, 수컷이 암컷을 부를 때 목으로 소리를 내. 개구리는 위험에 닥치면 폴짝폴짝 재빨리 도망가지만, 두꺼비는 느릿느릿 몸을 부풀리고 머리를 숙인 채 적의 코앞에 다가선단다. 이때 두꺼비의 귀샘에서는 독액이 나와. 이 독액은 먹거나 눈에 닿으면 사람에게도 큰 해가 되지만, 손에 닿았을 때 손만 씻으면 큰 문제는 없어. 평지, 숲 등 거의 습한 육지 생활을 많이 하고, 산란기 때 말고는 물에 들어가지 않아. 산란은 3월 중순쯤부터 하는데, 사는 곳에서부터 산란지까지 아주 긴 거리를 무리지어 이동하지. 두꺼비가 낳는 알은 그 모양도 특이한데, 10미터 가량이 되는 긴 끈 모양의 알을 낳고, 알의 개수가 만 개 가까이나 된단다.

육상 생활을 막 시작한 어린 두꺼비는 움직이는 속도가 느려 뱀이나 새에게 쉽게 잡아먹히기도 하지요.

두꺼비를 보호해야 한다고?

두꺼비는 산이나 먹이가 많은 밭과 논에서 겨울잠을 잔 후, 산란기가 되면 2월 말에 서식지로 간단다. 하지만 요즘은 전국의 무논에 집이 지어지거나 공장 단지가 들어서는 등의 이유로 두꺼비 산란 장소가 계속 줄어들고 있어. 또 서식지로 가는 도중에 도로의 차에 치여서 죽는 '로드킬'을 당하는 경우도 많아. 그래서 최근에는 보호 대상이 되고 있단다.

짝짓기를 하는 두꺼비 암컷과 수컷이야.

다시 읽는 우리 속담 28
산 입에 거미줄 치랴

놀부와 흥부 형제가 살고 있었어. 형 놀부는 심술이 덕지덕지 붙은 욕심쟁이였고, 동생 흥부는 욕심도 없고 마음씨가 고왔지. 부모님이 돌아가시자 놀부는 흥부네 식구를 쫓아냈어.

"더 이상 내 집 밥 축내지 말고, 알아서 살거라!"

찬바람이 쌩쌩 부는 추운 겨울날 흥부네는 빈손으로 쫓겨났지. 흥부는 매일 열심히 일했지만 아이들은 배고프다며 울어 댔어.

"여보, 아주버님께 밥이라도 좀 얻어 와요."

흥부는 어쩔 수 없이 놀부를 찾아가 사정했지.

"형님, 아이들이 며칠째 굶고 있어요. 제발 먹을 것 좀 주세요."

"여기가 어디라고 와서 구걸이냐?"

못된 놀부가 몽둥이로 흥부를 때리자, 밥을 짓던 놀부 아내까지 나와 주걱으로 흥부의 뺨을 찰싹 때렸지. 흥부는 아무 말 못하고 돌아서야 했단다.

산 입에 거미줄 치랴, 흥부네는 간신히 끼니를 이으며 추운 겨울을 보냈어. 봄이 오자 흥부네 처마 밑에 제비가 날아와 집을 지었지.

어느 날, 흥부는 처마 밑에 커다란 구렁이 한 마리가 새끼 제비를 잡아먹으려는 걸 보고 몽둥이를 휘두르며 구렁이를 쫓아냈어. 그 바람에 둥지에서 떨어진 새끼 제비 다리가 부러지고 말았지.

"아이고, 불쌍해라. 얼마나 놀랐을꼬."

흥부는 부러진 제비 다리를 고쳐 주고 정성껏 돌봐주었어.

이듬해 봄, 제비는 박씨 하나를 물고 왔지. 흥부가 심은 박씨는 쑥쑥 자라 커다란 박이 되었어. 죽이라도 끓여 먹을 생각에 흥부와 아내는 슬금슬금 박을 탔어. 그런데 박이 갈라지는 순간! 흥부와 아내는 깜짝 놀랐어.

박 속에서 쌀과 돈이 계속 나왔거든. 두 번째 박에서는 귀한 비단이, 그리고 세 번째 박에서는 일꾼들이 나와 큰 집을 지었지. 흥부는 하루아침에 부자가 되었어. 심술 맞은 놀부가 이 소식에 가만히 있을 리가 없지.

"도둑질을 하지 않은 이상, 어찌 하루아침에 부자가 된단 말이냐!"

"아닙니다, 제비 다리를 고쳐 준 덕에 이리 되었습니다."

놀부는 집으로 돌아와 제비 집을 짓고는 제비가 오기만 기다렸어. 어느 날 제비가 날아와 알을 낳았고, 알에서 새끼 제비가 나오자마자, 놀부는 새끼 제비의 다리를 똑 부러뜨렸어. 그리고 태연하게 다리를 고쳐 주었지.

다음 해, 놀부 집에도 제비가 박씨를 물고 왔어. 커다란 박이 열리자, 놀부는 얼른 박을 탔지. 그런데 쌀과 돈은커녕 한 노인이 나와 호통을 쳤어.

"이 주머니에 돈을 넣어라! 안 그러면 네 놈을 마구 칠 테다!"

놀부가 겁이 나 주머니에 돈을 넣는데, 아무리 넣어도 주머니가 차지 않는 거야. 놀부의 살림살이는 금세 거덜나고 말았지.

두 번째 박에서는 꽹과리, 장구, 북을 든 사람들이 나와 시끄럽게

꽹과리를 두드리고 장구와 북을 쳐댔어. 그러더니 신나게 논 값을 내놓으라는 거야. 놀부가 그렇게 못하겠다고 하자, 사람들은 귀청이 떨어지도록 다시 시끄럽게 굴었지. 놀부는 할 수 없이 논밭을 판 돈을 주고는 간신히 사람들을 쫓아냈어. 마지막 박을 타자, 장군이 나와 호통을 쳤어.

"네 이놈, 착한 동생을 괴롭히는 너를 혼내 주려고 왔다!"

"한 번만 살려 주십시오."

어느 새 달려온 흥부가 장군을 막으며 빌자, 장군은 온데간데없이 사라졌지. 그제야 놀부는 눈물을 흘리며 흥부에게 용서를 빌었어.

흥부는 놀부네 식구들을 집으로 데려와 오순도순 사이좋게 살았단다.

**시대가 흘러도 바뀌지 않는 것 중 하나는
대가를 바라지 않고 착한 일을 하는 사람에게는 언젠가 복이 온다는 사실일 거야.**

가람 박사의 생태 이야기
거미는 왜 산 입에 거미줄을 치지 않을까?

우리 눈에 보이는 거미줄은 아주 약해 보이는데 실제로 얼마나 강한가요?

　거미가 사람의 입 안에 거미줄을 치려면 사람이 아무것도 먹지 않아야 해. 왜냐하면 거미는 움직이지 않는 곳에 거미줄을 치니까 말이야. '산 입에 거미줄 치랴.'는 아무리 형편이 어려워도 굶어 죽지 않고 그럭저럭 살아갈 때 쓰는 속담이지.

　거미는 전 세계에 2만 종이 넘고 우리나라만 해도 600여 종이나 돼. 그만큼 생긴 모습도, 특징도 다양하지. 거미 하면 뭔가 징그러운 느낌부터 떠올리는 사람도 있겠지만, 사실 사람에게 해를 끼치는 거미는 몇 종류밖에 안 되고, 대부분의 거미는 해로운 곤충을 잡아먹기 때문에 오히려 사람에게 이로운 동물이야. 거미가 사람의 입 안에 거미줄을 칠 일이 없는 게, 거미는 먹이를 사냥하기 위해 거미줄을 치기 때문이지.

거미가 거미줄을 치는 순서

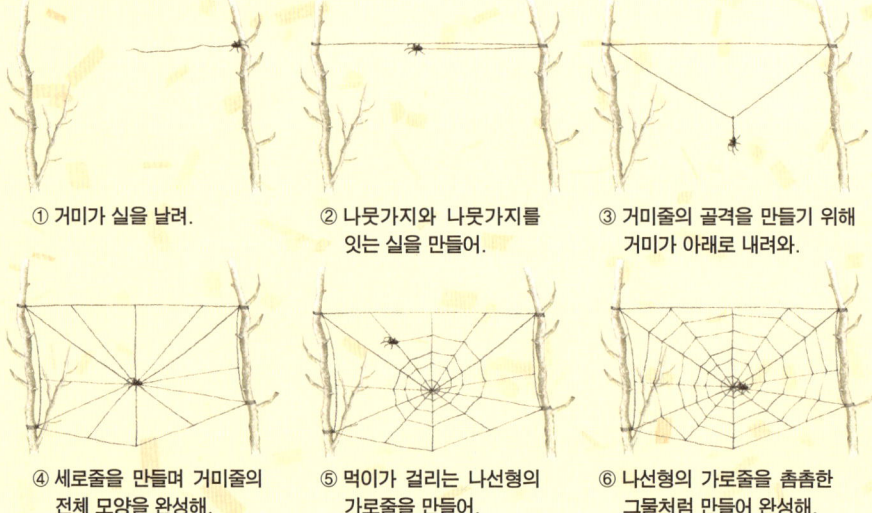

① 거미가 실을 날려.
② 나뭇가지와 나뭇가지를 잇는 실을 만들어.
③ 거미줄의 골격을 만들기 위해 거미가 아래로 내려와.
④ 세로줄을 만들며 거미줄의 전체 모양을 완성해.
⑤ 먹이가 걸리는 나선형의 가로줄을 만들어.
⑥ 나선형의 가로줄을 촘촘한 그물처럼 만들어 완성해.

거미는 먹이가 걸리기 적당한 장소를 골라 배 끝에 있는 방적 돌기에서 거미줄을 내어 거미줄을 쳐. 주로 거미의 먹이가 되는 곤충들이 걸리기 쉬운 나뭇가지 사이에 다양한 모양의 거미줄을 치지. 거미가 쳐 놓은 끈

▲ 꽃에서 벌을 잡아먹는 꽃게거미야.

▲ 물거미는 물 위를 떠다니며 공기 호흡을 하지.

끈한 거미줄에 먹이가 걸리면 거미는 이 먹이를 거미줄로 다시 친친 감은 다음 잡아먹는단다. 하지만, 모든 거미가 거미줄을 치는 것은 아니야. 꽃게거미는 꽃잎이나 잎사귀에서 먹이를 잡아먹고, 검은날개무늬깡충거미는 그 이름처럼 깡충 뛰며 먹이를 잡아먹어. 땅속에 몰래 숨어 있다 먹이를 덮치는 땅거미, 물속 곤충을 잡아먹는 물거미 등은 거미줄을 치지 않는 거미란다.

거미는 자기가 친 거미줄에 왜 안 걸릴까?

먹이를 꼼짝 못하게 만드는 끈끈한 거미줄인데, 어떻게 거미 자신은 걸리지 않을까? 이에 대해서는 많은 이야기들이 있어. 거미가 거미줄을 지을 때 가로줄에만 끈끈한 물질을 발라 놓고 세로줄에는 아무것도 바르지 않아 이 줄만을 밟고 다닌다는 거야. 하지만 실제로 거미는 집을 지으며 끈끈한 줄을 밟고 다녀. 프랑스의 유명한 곤충학자인 파브르는 거미가 입에 있는 분비샘에서 끈끈한 거미줄에 달라붙는 것을 막아 주는 기름을 내어 자신의 발에 바르며 다닌다고 했어. 또 다른 연구 결과로는 거미 발에 나 있는 가늘고 뻣뻣한 털 때문에 거미줄에 걸리지 않는다는 이야기도 있단다.

거미는 거미줄로 먹이를 친친 감아.

거미줄이 아주 가느다랗지만 같은 굵기의 강철보다 10배 이상이나 강하답니다.

137

구르는 돌에는 이끼가 안 낀다

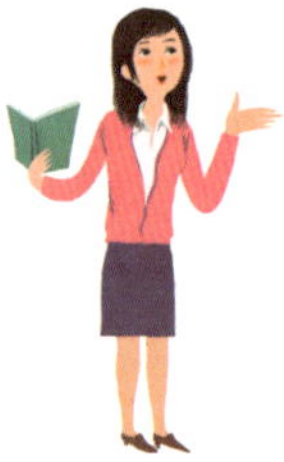

"우아, 대단하다!"

아이들은 호석이의 줄넘기 실력에 감탄했어. 호석이는 뒤로 넘기, 외발로 뛰기도 척척 해내면서 오늘도 최고 점수로 줄넘기 급수 3급을 땄지.

지언이는 방과 후 음악 줄넘기 시간이 정말 즐거웠어. 그리고 줄넘기 천재에 가까운 호석이가 항상 부러웠지.

"나도 호석이처럼 줄넘기를 잘하면 좋겠다."

지언이는 매일 학교 운동장에서 줄넘기 연습을 했어. 호석이가 척척 해냈던 뒤로 넘기, 외발로 뛰기를 연습하는데 마음처럼 쉽지 않게 계속

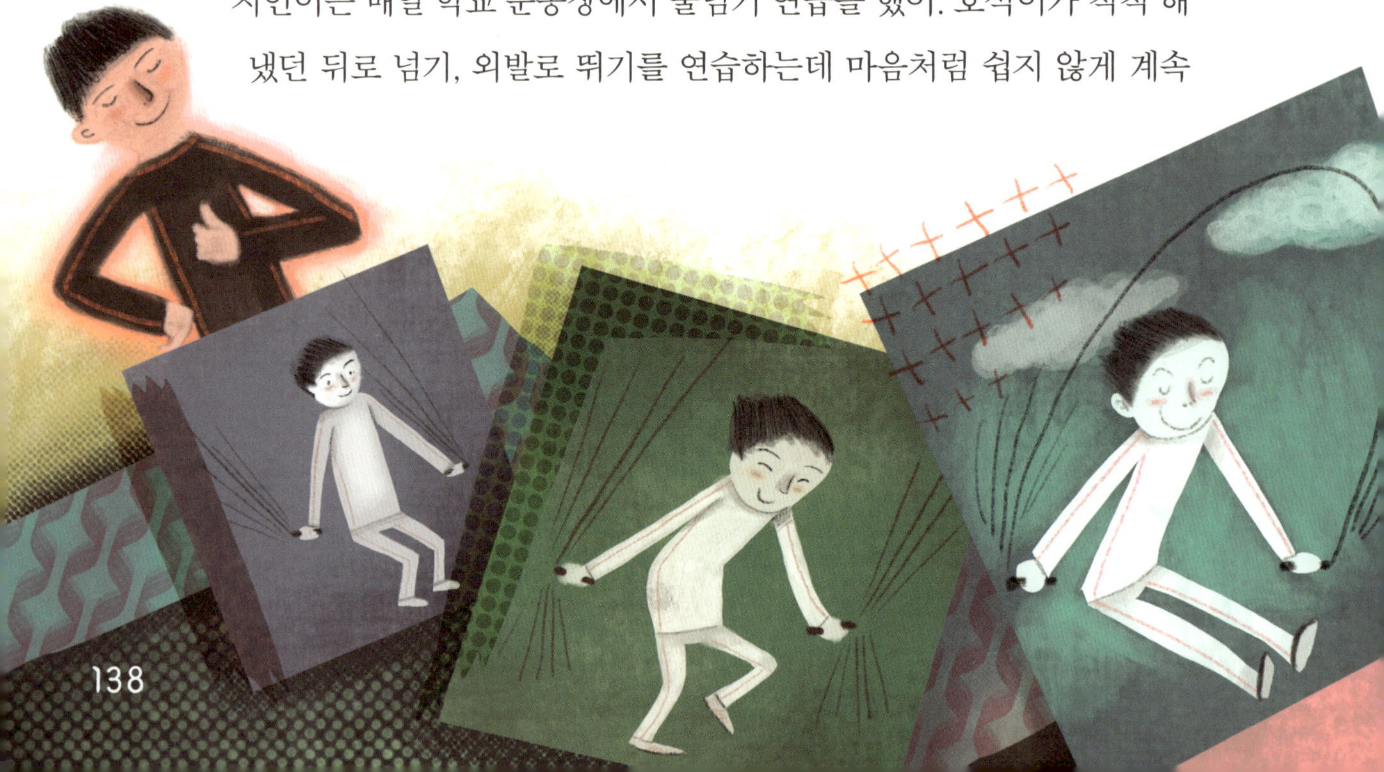

발에 줄이 걸렸지. 하지만 집에 와서도 연습하고 또 연습했어.

드디어 줄넘기 급수 시험 날이 되었어. 대부분 4급이나 5급을 딴 친구들 사이에서 호석이는 3급으로 단연 빛나는 일인자였지.

"난 따로 연습 안 해도 이 정도야. 줄넘기도 다 타고나는 거라고."

호석이가 으쓱해 할 때 지언이가 뒤로 넘기, 외발로 뛰기를 척척 해내며 오래 버텼어. 그리고 팔 엇갈려 뒤로 넘기까지 성공했지.

"와, 최초로 2급 성공이야!"

아이들이 감탄하자, 선생님이 웃으며 말했어.

"지언이가 그동안 꾸준히 연습하더니 실력이 정말 많이 늘었구나! 역시 **구르는 돌에는 이끼가 끼지 않는 법**이지."

당장의 결과가 눈에 보이지 않더라도 꾸준히 실력을 갈고닦으면 언젠가는 빛을 보게 마련이야. 아무리 좋은 실력을 가진 사람도 노력하지 않으면 늘 그대로일 수밖에 없단다.

가람 박사의 생태 이야기
돌 위에 이끼가 자라면 안 좋을까?

숲속 바위에 이끼가 덮여 있는 모습이야.

돌이 쉬지 않고 계속 구른다면 더 반질반질한 돌이 되겠지? '구르는 돌에 이끼가 끼지 않는다'는 말은 꾸준히 노력하는 사람은 계속 발전한다는 뜻이야. '계속 흐르는 물은 썩지 않는다'는 말과도 같은 뜻이란다.

혹시 산에 갔을 때 오래된 나무나 바위 위에 이끼가 덮여 있는 모습을 본 적이 있니? 속담의 말만 놓고 보면 왠지 이끼가 안 좋은 것 같은 느낌을 줄지도 모르겠지만, 사실 이끼는 생명력도 강하고 다른 식물이 살아가는 데 큰 도움을 주는 식물이야.

우리가 흔히 알고 있는 식물의 특성, 즉 땅속에 뿌리를 내리고 흙 속의 영양분과 햇빛을 받으며 자라나는 것과는 달리, 이끼는 공기 중에 있는 수분을 이용하기 때문에 축축하고 그늘진 곳의 땅이나 바위, 나무 줄기 등에 붙어 무리를 이루어 자란단다.

햇빛이 내리쬐는 곳에서 살 수 있는 이끼도 있나요?

이끼는 뿌리, 줄기, 잎, 꽃의 구분이 뚜렷하지 않고, 씨가 아닌 포자나 작은 이끼 조각이 바람이나 물을 타고 멀리 퍼져 나가며 번식해. 무엇보다 생명력이 강해서 뜨거운 열대 지방부터 추운 한대 지방까지 심하게 오염된 곳이 아니라면, 어디서든 잘 살아가지. 유럽항공우주국의 실험에서는 이끼가 우주 공간에서도 견딜 수 있다는 결과도 밝혀졌어.

이끼는 크게 우산이끼 무리와 솔이끼 무리로 나뉘어. 우산이끼 무리

▲ 우산이끼의 암그루는 끝이 갈라진 우산 모양, 수그루는 끝이 둥근 모양이야. ▲ 솔이끼 잎은 비늘 조각 모양으로 촘촘하게 나지.

는 줄기가 없이 전체가 하나의 잎처럼 생겼고, 솔이끼 무리는 헛뿌리와 줄기, 잎이 어느 정도 모양을 갖추고 땅 위 식물과 비슷한 모양을 갖추어 자란단다. 이끼가 자라는 곳은 땅이 기름지게 돼서 주위 다른 식물들에게도 큰 도움을 준단다.

 ## 극한 환경에 적응하며 사는 식물은?

지구상에는 이끼와 같이 열악한 환경에 적응하며 꿋꿋하게 살아가는 식물들이 많이 있어. 세찬 눈보라와 얼음으로 둘러싸인 남극과 추운 북극에도 꽃을 피우며 자라나는 식물이 있지. 반대로 일 년 내내 비가 부족하고 햇빛이 내리쬐어 물이 부족한 사막에도 적응하며 살아가는 식물도 있단다.

대부분 이끼는 직사광선을 싫어하지만, '나선이끼, 털깃털이끼, 서리이끼'처럼 건조함에 강해 햇빛이 있는 곳에서 자라는 것도 있지요.

남극에서 꽃을 피우는 남극좀새풀이야. 북극담자리꽃나무는 건조한 곳에서 자라.

다시 읽는 우리 속담 30
재주는 곰이 넘고 돈은 주인이 받는다

한결이네 아파트 상가에 있는 빵집은 늘 손님이 많아. 빵도 맛있지만 주인 누나가 정말 친절하거든. 누나는 아무리 바빠도 늘 생글생글 웃으며 빵 포장까지 찬찬히 챙겨 주지.

"아빠, 빵 사러 가요."

한결이는 아빠를 졸라 빵집에 갔어. 오늘도 손님이 많았지만, 바쁜 와중에도 주인 누나는 한결이를 아는 척하며 반겼지.

"한결이 왔구나."

한결이는 빵집에만 가면 괜히 기분이 좋아졌어. 주인 누나는 가게에 온 꼬마 손님들에게 막대 사탕이나 젤리를 덤으로 주기도 하고, 아파트를 돌며 폐지를 모으는 할아버지에게 빵을 챙겨 드리기도 했지.

"이거 오늘 새로 구운 빵인데, 맛 좀 보세요."

누나는 오늘도 손님들에게 갓 구운 빵 조각을 맛보라며 권했어.

그때 갑자기 한 아저씨가 빵집 안으로 들어와 잔뜩 인상을 찌푸리더니 누나를 향해 큰소리로 말하는 거야.

"팔려고 만든 빵을 이렇게 죄다 공짜로 주면 어떡해?"

그러더니 계속 누나에게 잔소리를 했고, 누나는 곤란한 표정을 지었어. 험악해진 분위기에 한결이는 아빠랑 얼른 빵집에서 나왔지.

"아빠, 저 아저씨 왜 저래요?"

"저 아저씨가 빵집 주인인 모양이구나. 저 아가씨 때문에 빵집 장사가 잘됐는데, **재주는 곰이 넘고 돈은 주인이 번다더니** 딱 그 모양이네."

어떤 일에 대해 수고하는 사람 따로 있고, 그 수고에 대한 대가를 다른 사람이 갖는 것만큼 억울한 일도 없을 거야. 만약 이런 경우가 생긴다면 어떨 것 같니?

143

재주 넘는 곰은 미련할까, 똑똑할까?

▲ 곰 종류 중 가장 몸이 거대한 불곰이야. 몸 색깔은 주로 갈색이지. 식물의 뿌리나 열매, 꿀, 개미와 같은 곤충 등을 먹는단다.

▲ 북극에 사는 북극곰은 온몸이 하얘서 '백곰'이라고도 해. 발바닥에 털이 있어서 얼음 위를 걸어다니기 좋지.

▲ 흑곰은 아시아에 서식하는 아시아흑곰과 북아메리카에 서식하는 아메리카흑곰이 있단다. 아시아흑곰은 우리가 '반달가슴곰'으로 알고 있는 곰이야.

미련한 사람을 낮춰 부를 때 쓰는 '곰탱이'라는 말도 사실은 곰의 잠자리를 뜻하는 말이죠?

크고 육중한 몸집, 짧고 굵은 네 다리로 느릿느릿 걷는 곰. 사람들은 흔히 미련하고 우직한 사람을 두고 '곰 같다'고 이야기하곤 해. 수고한 사람 따로 있고, 이득 보는 사람 따로 있다는 뜻의 '재주는 곰이 넘고 돈은 주인이 받는다'는 말도 어쩌면 곰이 미련하다는 인식 때문에 나온 말일지 몰라. 하지만, 다시 생각해 보면 곰이 정말 미련한 동물이라면 재주를 부리는 게 가능할까?

실제로 동물원이나 동물이 나오는 공연에서 곰이 자전거를 타거나, 공을 받거나 하는 등의 재주를 부리는 모습을 본 적이 있는지 모르겠구나. 실제로 곰은 야생 동물 중에서 지능이 아주 높은 동물이야. 우리가 흔히 지능이 높다고 알고 있는 원숭이나 침팬지, 또는 5~6세 어린아이의 지능과 비슷하지. 곰은 몸에 비해 뇌의 크기가 큰데, 한 번의 경험만으로도 사물을 기억하거나, 자신을 위협하는 것들을 기억하기도 하고 장기적인 기억력도 뛰어나단다. 또 사냥꾼을 피해 일부러 사람이 지나

144

가기 어려운 곳으로 다니거나 자신의 흔적을 감추기도 해. 추운 겨울이 되면 곰은 겨울잠을 자는데, 겨울잠을 자기 전에 나무 위로 올라가 일부러 떨어지는 행동을 한다고 해. 겨울이 오기 전에 충분히 먹어야 하는데, 나무에서 떨어져 봐서 아프지 않으면 몸에 어느 정도의 체지방이 축적되었다고 판단하고는 겨울잠을 잔다는 거야.

미국 오클랜드 대학교 연구진은 우리가 '반달가슴곰'이라고 알고 있는 흑곰을 대상으로 실험을 통해, 흑곰을 훈련시키면 물건 수의 차이를 구별해 낼 수 있다는 것을 밝히기도 했어. 이쯤 되면 곰이 정말 미련한 동물인지 아닌지 알 수 있겠지?

재주 부리는 곰의 모습이 귀엽지?

멸종 위기에 처한 반달가슴곰

반달가슴곰은 온몸이 검은색을 띄는 흑곰이야. 앞가슴에 반달 같은 무늬가 있지. 우리나라에서는 1950년 전까지만 해도 그 수를 헤아릴 수 없을 만큼 흔했지만, 사람들의 욕심과 산업화로 그 수가 급격히 줄어 1980년대에는 천연기념물로 지정되고, 그 이후 멸종위기종으로 지정되어 보호받고 있단다.
4월 중순 이후에는 겨울잠에서 깬 반달가슴곰들이 활동 범위를 넓혀갈 때이므로 혹시라도 지리산 국립공원에 갈 경우, 정해진 탐방로를 이용하는 것이 좋단다.

반달가슴곰은 불곰보다 작아. 우리나라에서는 천연기념물 제329호로 지정되었지.

네, '곰탱이'는 곰이 만든 잠자리예요. 곰은 습성상 잠잘 때 풀을 말아 방석이나 침대처럼 만들어 놓고 웅크리고 잔답니다.

다시 읽는 우리 속담 31
염소 물똥 누는 것 보았느냐

깊은 바다 용궁 나라는 하루도 편할 날이 없었어. 용왕이 알 수 없는 병에 걸려, 아무리 좋다는 약을 써도 낫지를 않았거든. 신하들은 이웃 바다로 건너가 고래 의원을 데려왔지. 용왕의 맥을 짚던 고래 의원은 곤란한 표정으로 말했어.

"용왕님의 병을 고칠 약은 땅에 사는 토끼의 간뿐이옵니다."

그때 자라가 나서서 말했어.

"용왕님, 물과 땅을 오갈 수 있는 제가 토끼를 잡아 오겠습니다."

자라는 힘껏 헤엄쳐 땅 위로 올라와 숲으로 들어갔어. 마침 바위 옆에 토끼가 잠을 자고 있는 게 아니겠어? 자라가 친절한 목소리로 말했어.

"네가 바로 지혜롭기로 유명한 토끼구나. 난 용궁 나라에서 왔는데, 용

왕님께서 너처럼 똑똑한 신하가 꼭 필요하다고 하셔서 널 데리러 왔어."

자라 말에 솔깃해진 토끼는 자라 등에 올라타 바닷속으로 들어갔지. 그런데 용궁에 도착하자마자 바닷속 동물들이 토끼를 꽁꽁 묶는 거야.

"하하, 자라가 용왕님의 병을 고칠 토끼의 간을 구해 왔구나!"

그제야 토끼는 아뿔싸, 했지. 하지만 이내 능청스럽게 말했어.

"아이고, 이걸 어쩌지요? 제 간을 달라는 이들이 하도 많아 숲속에 숨겨 두고 나왔거든요."

"얼른 숲으로 돌아가 간을 가져오너라."

결국 자라는 다시 토끼를 등에 태우고 땅 위로 올라왔어. 토끼가 산으로 깡충깡충 뛰어 올라가며 자라를 향해 말했지.

"염소 물똥 누는 것 보았느냐? 이 멍청한 자라야, 몸 안에 있는 간을 어떻게 밖에 두고 다닌단 말이냐?"

세상에는 그럴싸한 말이나 친절을 베풀며 남을 속이려 드는 사람들도 있단다.
이런 사람을 만나면 어떻게 해야 할까?

가람 박사의 생태 이야기
염소는 왜 물똥을 누지 않을까?

토끼 똥도 염소 똥처럼 동그랗고 단단하지 않나요?

토끼를 속여 용궁으로 데리고 간 자라가 오히려 토끼의 꾀에 넘어갔구나. 몸속의 간을 밖에 두고 다닌다는 말도 안 되는 이야기에 말이야. '염소 물똥 누는 것 보았느냐'는 이렇게 있을 수 없는 일을 두고 쓰는 속담이야. 그렇다면 염소는 물똥을 누는 일이 결코 없을까?

변비에 걸려서 간신히 똥을 누고는 '염소 똥을 누었다'라고 하는 말을 들어 본 적이 있니? 실제로 염소는 사람이 누는 똥과는 다른 모양의 똥을 싼단다. 염소는 소화 기관인 장이 길기 때문에 장에서 많은 양의 수분이 흡수돼. 그러다 보면 똥이 단단해지고, 그 상태에서 염소가 똥을 누면서 동그래지지. 그래서 염소 똥은 검은콩처럼 동글동글해. 간혹

▲ 검고 동글동글한 염소 똥이야.

염소는 품종에 따라 몸 색깔이 흰색, 검은색, 갈색 등 여러 가지야.

수분이 많은 먹이나 비에 젖은 먹이를 먹으면 똥 알갱이가 서로 붙어 있는 큰 똥을 누기도 해.

염소는 사람이 아주 오래전부터 기르던 동물이야. 사람들은 염소로부터 털과 젖, 고기를 얻어 왔지. 염소 하면 뿔과 수염 달린 생김새가 떠오르기도 하겠지만, 뿔이나 수염이 없는 종류의 염소도 있어. 염소는 양과 비슷한데 양보다 훨씬 행동도 빠르고 활달해. 그리고 풀이라면 아무거나 잘 먹고, 심지어는 종이도 먹을 수 있어. 염소는 먹이를 한 번 삼켰다가 다시 게워 내어 다시 씹는 되새김질을 하느라 먹이를 먹을 때는 항상 입을 오물오물거린단다. 그런데 만약 염소가 먹이를 잘못 먹으면 물똥을 싸는 경우도 있어. 독 성분이 있는 풀을 먹게 되면 간혹 물똥을 누기도 하거든. 만약 염소가 물똥을 싼다면 그건 염소의 건강에 이상이 생겼다는 신호이니, 빨리 대처하는 게 좋겠지.

> 토끼는 두 가지 똥을 누지요. 검고 끈적끈적한 묽은 똥을 싸서 그것을 먹어 버리고, 이 똥이 다시 소화되어 딱딱해진, 영양분 없는 똥으로 나오는 것이 동그랗고 단단한 똥이랍니다.

무서운 동물을 피하는 염소의 생존법

염소가 만약 야생에서 자란다면, 호랑이나 늑대와 같은 동물의 먹잇감이 될 수 있어. 염소의 뿔은 이런 동물들로부터 자신을 보호하는 방패가 된단다. 또 염소는 높고 가파른 곳을 좋아하는데 이러한 행동 또한 무서운 동물들이 쉽게 접근하지 못할 환경을 찾는 본능에서 비롯된 거야. 그리고 염소 얼굴을 보면 눈이 이마의 양옆에 달려 있는 걸 볼 수 있는데, 고개를 돌리거나 하지 않아도 옆이나 뒤를 볼 수 있기 때문에 무서운 동물로부터 쉽게 도망칠 수 있단다.

큰 뿔을 가진 알프스 산의 야생 염소란다.

다시 읽는 우리 속담 32
부엉이 소리도 제 귀에는 듣기 좋다

옛날 깊은 숲속에 장끼와 까투리 부부가 살고 있었어. 숲속에 시도 때도 없이 들이닥치는 사냥꾼 때문에 장끼와 까투리는 먹이 구하기가 쉽지 않았지. 어느 추운 겨울날, 장끼와 까투리가 먹이를 구하러 나섰는데, 숲에 커다란 콩 하나가 떡 놓여 있는 거야.

"배고픈데 마침 잘됐군!"

장끼가 얼른 먹으려고 나서자, 까투리가 막아섰어.

"여보, 어젯밤 꿈이 불길해요. 그 콩은 먹지 마세요."

그러자 장끼가 껄껄 웃으며 말했지.

"난 어젯밤에 금빛 학을 타고 날아가 산신령께 콩 한 섬을 받는 꿈을 꿨다오. 이렇게 운이 좋으려고 그런 꿈을 꾼 모양이오."

그러자 까투리가 한사코 말리며 다시 말했어.

"제 꿈에서는 당신이 무지개 너머로 사라졌다고요."

장끼는 오히려 더 잘됐다는 듯이 말했지.

"그건 내가 좋은 곳으로 가는 것이니 좋은 꿈이지 않소?"

까투리는 끝까지 매달리며 말렸어.

"당신이 무거운 쇠솥을 쓰고 물에 빠지는 꿈도 꿨단 말이에요."

"그건 내가 머리에 투구를 쓴 것이니, 좋은 꿈이 틀림없지!"

부엉이 소리도 제 귀에는 듣기 좋다고, 까투리의 꿈이 모두 좋은 꿈처럼 들렸는지, 장끼는 오히려 신나 했어. 그리고는 콩을 콕 쪼아 먹었지.

순간, 커다란 덫이 장끼 몸을 덮치고 말았어. 그 콩은 사냥꾼이 일부러 놓아둔 미끼였던 거야. 장끼가 뒤늦게 후회한들 아무 소용이 없었단다.

아무리 듣기 싫은 말이나 충고라고 해도 때로는 귀 기울여 들을 필요가 있단다. 자기 고집만 내세우며 섣불리 행동했다가는 곤란한 상황에 처할 수도 있어.

부엉이는 어떤 울음소리를 낼까?

콩을 먹을 욕심이 앞서 까투리의 불길한 꿈 이야기도 장끼는 모두 좋은 이야기로만 들었어. '부엉이 소리도 제 귀에는 듣기 좋다'는 말은 자기 약점을 모르고 자기가 하는 일은 뭐든 다 좋게만 생각할 때 쓰는 속담이야. 속담의 뜻을 놓고 보면 아무래도 부엉이 소리가 좋은 의미로 쓰이는 것 같지는 않지? 대체 부엉이는 어떤 울음소리를 내는 걸까?

부엉이는 올빼미과의 새로 주로 밤에 활동하면서 쥐나 토끼, 들새나 곤충과 같은 작은 동물들을 잡아먹어. 부엉이 하면 커다란 눈, 날카로운 부리, 머리 꼭대기의 귀 모양 털을 떠올리는 친구들이 많을 거야. 밤에 부엉이가 우는 소리를 가만히 들어 보면, 꼭 아기가 우는 소리와 같

부엉이와 올빼미는 어떻게 다른가요?

▲ 부엉이는 주로 밤에 활동하는데, 쇠부엉이 같은 종류는 낮에 활동하기도 해.

▲ 올빼미과의 새 중 하나인 소쩍새야. '소쩍소쩍' 하는 울음소리로 유명해.

기도 하고 구슬프게 들리기도 해. 또 고양이를 닮은 판판한 얼굴과 부리부리한 두 눈이 뭔가 무섭게 느껴지기도 해서 한밤중에 들려오는 부엉이 소리를 기분 나쁘거나 섬뜩하게 여기는 사람들이 많았어. 그래서 예로부터 우리나라 민속에서는 한밤중에 들리는 부엉이 소리가 죽음을 상징한다고 믿거나, 부엉이가 동네를 향해 울면 불길한 일이 생기는 것으로 여기기도 했지. 그래서 '부엉이 소리도 제 귀에는 듣기 좋다'라는 속담이 생겨난 거야. 하지만 이와 반대로 부엉이를 좋은 징조로, 또는 귀하게 여기는 속담도 있어. '부엉이가 새끼 세 마리를 낳으면 대풍년이 든다'는 말은 부엉이가 새끼를 키우기 위해 많은 들쥐를 사냥하기 때문에 농사에 도움이 된다는 뜻이야. 또 부엉이는 사냥 솜씨가 뛰어나 먹이를 잡아 둥지에 쌓아 두는 습성이 있기 때문에 불어나는 재산을 상징하기도 한단다.

부엉이는 올빼미와 비슷하게 생겼지만, 눈이 더 크고 머리 꼭대기에 귀 모양의 깃이 있지요.

부엉이의 놀라운 사냥 솜씨

부엉이 하면 뭐니뭐니해도 뛰어난 사냥 솜씨를 빼놓을 수 없어. 부엉이는 시력이 아주 뛰어나고 시야가 넓어. 그래서 컴컴한 어둠 속에서도 마치 불을 켠 듯 잘 보이지. 또 청력도 좋고 민감해서, 자그마한 움직임과 소리에도 사냥감의 위치를 금방 알아챌 수 있어. 게다가 온몸이 풍성한 털로 덮여 있어서 날갯짓을 할 때에도 소리가 잘 나지 않기 때문에, 사냥감이 알아채지 못하는 사이에 빠른 속도로 사냥을 할 수 있는 거란다.

밤에 사냥하는 부엉이의 모습이야.

다시 읽는 우리 속담 33
어물전 망신은 꼴뚜기가 다 시킨다

"옛날 사람들은 이런 물건들을 썼구나."

다혜는 민속 박물관 안에 전시되어 있는 물건들을 보며 신기해 했어. 다혜네 반 아이들은 선생님 안내에 따라 차례차례 줄을 서서 박물관 안에 전시된 유물들을 살펴보았어. 그리고 유물에 관련된 설명들을 찬찬히 읽거나 메모를 했지. 그런데 박물관 안을 우당탕 뛰어다니는 아이가 하나 있었어.

"지안아, 이런 공공장소에서 그렇게 뛰어다니면 어떡해!"

선생님 이야기도 듣는 둥 마는 둥, 지안이는 장난만 쳤어.

박물관에서 관람을 하던 사람들은 지안이를 보며 눈살을 찌푸렸지.

"우당탕, 철퍼덕, 쨍!"

박물관 한쪽에 전시되어 있던 농기구 쪽으로 지안이가 넘어지면서 전시물들이 흐트러지고 엉망이 되고 말았어.

박물관을 관리하는 아저씨가 달려와 다혜네 반 아이들을 향해 말했어.

"박물관은 여러 사람이 찾아오는 곳이에요. 다른 사람의 관람을 방해하지 않으려면 관람 예절을 지켜야죠!"

"죄송합니다."

선생님이 어쩔 줄 몰라 하면서, 관리자 아저씨와 주위 사람들에게 사과했어. **어물전 망신은 꼴뚜기가 다 시킨다**더니, 말썽쟁이 지안이 때문에 다혜까지 얼굴이 빨개졌단다.

주위의 친한 사람이나 가족 때문에
부끄럽고 창피했던 적은 없었니?
나 하나의 행동 때문에 주위 사람들에게
피해를 준 적은 없었는지 생각해 보렴.

꼴뚜기는 정말 못난 동물일까?

오징어는 바다에 떼 지어 살며 작은 물고기나 새우를 먹고 살아. 몸 색깔이 주변에 따라 변하기도 하지.

꼴뚜기는 화살오징어과에 속하는 연체동물이야. 몸에 둥근 혹 모양의 돌기가 빽빽이 있단다.

지안이의 행동 때문에 지안이 반 친구들이 다 같이 혼나고 말았어. '어물전 망신은 꼴뚜기가 다 시킨다'는 말은, 못난 사람은 그 사람이 속한 무리에게까지도 피해를 준다는 뜻이야. '어물전 털어먹고 꼴뚜기 장사한다.'는 말은 큰 장사에 실패하고 보잘 것 없는 장사를 할 때 쓰는 속담이지. 이렇게 꼴뚜기는 예부터 못생기고 볼품없는 동물로 여겨져 왔단다.

옛 선비들은 꼴뚜기를 바다에서 나는 귀한 물고기라고 해서 '고록어'라고 불렀답니다.

꼴뚜기의 생김새를 자세히 본 적이 있니? 아마도 꼴뚜기와 비슷한 오징어는 많이 봤을 거야. 꼴뚜기는 오징어와 생김새가 아주 비슷해. 몸통, 머리, 다리 세 부분으로 이루어져 있고, 몸통에는 내장과 생식 기관, 먹물주머니가 들어 있어. 또 삼각형 지느러미를 가지고 있는 점과 10개의 다리를 가지고 있는 점도 같지. 하지만 꼴뚜기는 오징어보다 몸 크기가 훨씬 작은 데다, 몸통이 좁고 뾰족해. 또 등판에 껍질이 없고, 종이처럼 아주 얇은 뼈를 가지고 있지. 꼴뚜기는 수명이 1년 정도로 우리나라 서해와 중국, 일본 등의 연해에서 사는데, 이동을 많이 하지 않기 때문에 가로 근육이 발달하지 않아 오징어보다 훨씬 연하고 부드럽단다.

꼴뚜기의 몸 구조

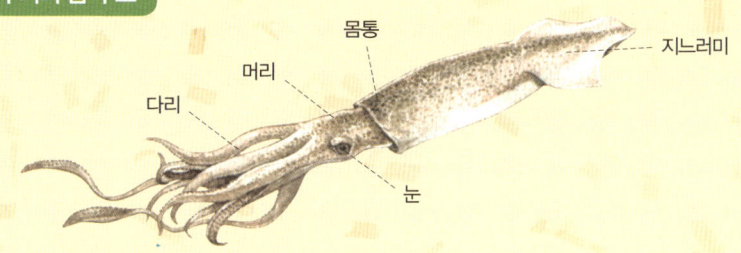

꼴뚜기는 물살이 빠른 곳에 그물을 고정해 놓고, 물살에 의해 그물로 들어가게 하는 장치로 잡지요.

　겉모습이 어떻든 오징어나 꼴뚜기나 우리의 입을 즐겁게 해 주는 음식의 재료가 되는 건 사실이야. 꼴뚜기는 주로 젓갈을 만들어 먹는 데 쓰이지만, 다양한 요리의 재료로도 쓰여. 꼴뚜기가 못난 동물로 여겨지기는 했지만, 예전에는 장이 설 때 늘 살 수 있는 것이 아니기 때문에 한편으로는 귀하게 여겨지기도 했어. 그래서 '장마다 꼴뚜기 날까'라는 속담도 있단다.

 문어와 낙지도 꼴뚜기의 친척일까?

　흐물흐물, 말랑말랑한 몸을 가진 연체동물이라는 점은 같지만, 정확히 따지자면 문어와 낙지는 꼴뚜기와 좀 달라. 꼴뚜기가 오징어과에 속한다면, 낙지, 쭈꾸미, 문어는 문어과에 속해. 오징어과와 문어과를 구분하는 가장 큰 차이는 다리의 개수야. 오징어과는 다리가 10개인 반면, 문어과는 다리가 8개란다. 또 오징어과 동물은 모두 머리 모양이 삼각형이면서 지느러미가 달려 있지. 같은 오징어과 동물이나 문어과 동물이라고 해도 몸통 모양이나 크기, 색 그리고 다리 길이 등으로 다시 구분된단다.

문어(왼쪽)와 낙지(오른쪽)의 모습이야.

다시 읽는 우리 속담 34

메뚜기도 유월이 한철이다

길었던 겨울 방학이 끝나고, 오늘은 새 학년 새 학기가 시작되는 날이야. 은수는 3학년으로 올라가고, 동생 은찬이는 1학년으로 입학하지. 그래서 온 가족이 학교로 출동했어.

"나도 이제 매일 형이랑 같이 학교 가는 거지?"

은찬이는 학교 가는 게 마냥 좋은지 자기 덩치만 한 책가방을 메고는 씩씩하게 앞장서 갔어. 교문 앞은 사람들로 북적거렸지.

"어머니, 이거 받아 가세요."

"얘, 이거 받아 가렴."

학교 앞에는 입학 축하 꽃다발을 파는 사람들뿐 아니라, 피아노 학원, 태권도 학원, 영어 학원 등에서 학원 전단과 함께 사탕이며, 새 공책이며, 연필 등을 경쟁하듯 나눠 주는 사람들로 가득했어.

"와, 학교 오니까 이런 것도 주네?"

은찬이는 공짜로 나눠 주는 사탕이랑 학용품들을 꼬박꼬박 받아 챙기면서 신기하다는 듯 말했어.

"아니야. 오늘 입학식이라 그런 거고, 평소엔 이렇지 않아."

엄마가 사람들을 뚫고 교문 안으로 들어가면서 말했어.

"아이고, **메뚜기도 유월이 한철이라더니** 새 학기 시작되니까 또 학원들이 난리구나."

'올해 담임 선생님은 어떤 분일까?'

'학교는 분명 재미있는 곳일 거야.'

시끌시끌한 교문을 지나, 학교 안으로 들어서는 은수와 은찬이의 가슴은 두근두근 설레었단다.

평소에는 잠잠하다가 어떤 특정한 때만 되면 기승을 부리거나 두드러지게 행동하는 사람들을 본 적이 있니?

가람 박사의 생태 이야기
메뚜기는 사람에게 피해만 줄까?

메뚜기과에 속하는 풀무치(왼쪽)와 방아깨비(오른쪽)야. 풀무치는 잡초를 먹고 사는데 농작물에 큰 피해를 주기도 해. 방아깨비는 머리 끝이 뾰족하고, 뒷다리가 긴 게 특징이란다.

초여름에 논두렁에 가 보면 막 부화한 메뚜기들이 뛰어다니는 모습을 자주 볼 수 있어. 여름과 가을이 지나면 메뚜기를 잘 볼 수 없지. 그래서 제때를 만난 듯 한창 날뛰는 모습을 두고 '메뚜기도 유월이 한철이다'라고 말한단다. 메뚜기과에 딸린 곤충 무리들을 보통 '메뚜기'라고 불러. 풀무치, 방아깨비, 삽사리, 벼메뚜기 등이 모두 메뚜기에 속하지. 메뚜기는 열대 지방을 중심으로 전 세계에 2만여 종이나 있고, 우리나라에만도 200여 종이 있단다.

메뚜기는 풀이라면 뭐든 잘 먹는데, 무리를 지어 다니며 풀을 갉아 먹는 바람에 농작물에 피해를 주기도 해. 그중 대표적인 게 벼메뚜기

메뚜기의 종류가 엄청 많은데, 모두 사람이 먹을 수 있는건가요?

벼메뚜기의 한살이

땅속에 알을 낳는 메뚜기 / 알에서 나온 애벌레 / 여러 번 탈피하는 애벌레 / 어른벌레가 된 메뚜기

야. 벼메뚜기는 어른 메뚜기와 새끼 메뚜기 모두 벼, 밀, 보리, 배추, 콩 등을 오랜 시간에 걸쳐 갉아 먹어. 겨울에 알로 있다가 날이 따뜻해지면 부화하면서 나온 새끼 메뚜기가 논 주변의 벼나 농작물 등을 갉아 먹지. 그러다 논으로 이동해서 벼 잎과 이삭을 갉아 먹어. 새끼 메뚜기는 8~9월이 되면 어른 메뚜기가 되면서 짝짓기를 하고 논둑 사이에 100여 개의 알을 낳는단다. 하지만 벼메뚜기는 사람에게 이롭게 쓰이기도 해. 애완용 새나 뱀 등의 사료가 되기도 하고, 한약재로 쓰이기도 하지. 고소한 맛 때문에 튀겨서 간식으로 먹는 사람들도 있어. 메뚜기는 식품 의약처가 인정한 식용 곤충이기도 하단다. 그래서 몇 년 전에는 메뚜기 알을 저장해 뒀다가 언제든 부화시켜 메뚜기를 대량으로 생산할 수 있도록 하는 기술이 개발되었어.

메뚜기를 튀긴 요리야.

메뚜기 떼의 공격

1784년에는 남아프리카에서 약 3천억 마리의 괴물 메뚜기 떼가 나타나 피해를 입힌 적이 있어. 또 2010년에는 호주에서 몸길이 8센티미터 정도의 괴물 메뚜기 수백만 마리가 나타난 적이 있지. 이 메뚜기는 북부메뚜기인데, 당시 호주의 홍수가 일어난 지역을 중심으로 북부 메뚜기 떼가 몰려들어 곡물을 모조리 갉아 먹어 호주 지역 절반이 피해를 입었지.
홍수가 나면서 습도가 높아지고 더운 날씨에 기온이 올라갔는데, 이러한 환경이 북부 메뚜기가 번식하기에는 아주 좋은 조건이 되었던 거란다.

메뚜기 무리는 때로 큰 피해를 입히기도 해.

땅에서 잘 발견되는 송장메뚜기 같은 건 쓴맛이 나 절대 먹지 않지만, 벼메뚜기 같은 것은 미래의 훌륭한 식량이 될 거라고도 예측한답니다.

다시 읽는 우리 속담 35

지렁이도 밟으면 꿈틀한다

옛날 한 고을에 아주 심술 많은 사또가 있었어. 사또는 고을을 다스리는 일은 뒷전이고, 매일 사람들을 괴롭혔어.
어느 추운 겨울날, 사또가 이방을 불렀어.
"여봐라, 이방! 산딸기가 먹고 싶으니, 내일까지 구해 오너라."
이방이 놀라 눈을 동그랗게 뜨고 물었지.
"이렇게 눈 내리는 겨울에 산딸기를 어디서 구합니까?"
"어허, 지금 누구 명이라고 어기려고 하나! 내일까지 산딸기를 구해 오지 않으면 곤장 백 대를 치겠다."
집으로 돌아온 이방은 혼자서 걱정만 하다 끙끙 앓아눕고 말았어. 이방의 아들이 물었지.
"아버지, 무슨 걱정이라도 있으십니까?"
이방은 한숨을 푹 내쉬며 낮에 있었던 일을 얘기했어.

아들은 밝은 얼굴로 말했지.

"제가 내일 사또를 찾아뵙겠습니다. 걱정 마세요."

다음 날, 이방의 아들이 사또를 찾아가 넙죽 엎드리며 말했어.

"사또 나리, 저희 아버지가 산딸기를 따다 독사에게 물렸습니다."

사또가 눈을 가느다랗게 뜨고 이방의 아들을 노려보며 말했지.

"뉘 앞이라 거짓말을 하느냐! 한겨울에 독사가 어디 있단 말이냐?"

그러자 이방의 아들이 받아쳤지.

"그렇다면, 한겨울에 산딸기는 어디 있습니까?"

다음 날 사또가 이방을 다시 불러서 말했지.

"내일까지 돌로 만든 배를 구해 오지 않으면 곤장을 치겠다."

말도 안 되는 사또의 명령에 이방은 다시 끙끙 앓았지. 자초지종을 들은 이방의 아들은 다음 날 다시 사또를 찾아가 말했어.

"아버지가 돌로 만든 배를 가져오다 너무 무거워 쓰러지셨는데, 모래로 만든 밧줄을 주시면 제가 배를 끌고 오겠습니다."

사또는 버럭 소리를 질렀지.

"네 이놈! 세상에 모래로 만든 밧줄이 어딨느냐?"

"그럼 돌로 만든 배는 어딨단 말입니까?"

이방 아들의 말에 이번에도 사또는 아무 말 못했단다. 사또와 이방 아들의 소문은 마을에 널리 퍼졌어.

"**지렁이도 밟으면 꿈틀한다고**. 그렇게 심술을 부리더니, 쌤통이네그려!"

사또는 이방의 아들한테 당한 것이 분하기만 했어. 그래서 어느 날 이

방을 또다시 불러 말했지.

"이방, 내일까지 새끼 밴 수소를 데려오너라!"

마음씨 착한 이방은 걱정만 하다 다시 앓아누웠어. 하지만 이번에도 이방의 아들이 나섰지.

다음 날 이방의 아들은 사또에게 말했지.

"저희 아버지께서 어제 아기를 낳는 바람에 제가 왔습니다."

사또는 황당하다는 얼굴로 말했어.

"남자가 아이를 낳았다니, 그게 말이 되느냐?"

그러자 기다렸다는 듯 이방의 아들이 받아쳤지.

"그럼 수소가 어찌 새끼를 가진단 말입니까?"

그날 이후, 사또는 이방만 보면 슬슬 피해 다녔단다.

나보다 약하거나 순한 사람이라고 해서 함부로 대하거나 우습게 여긴 적은 없었니?

지렁이는 약하고 하찮은 동물일까?

다윈은 흙 속 지렁이굴을 '흙의 창자'라고 불렀지요. 지렁이가 득실거리는 땅은 건강한 땅이라는 증거랍니다.

　약하고 힘없는 이방에게 마구 심술을 부린 사또가 이방의 아들에게 보기 좋게 당했구나. 이렇게 아무리 순하고 좋은 사람이라도 업신여기거나 함부로 대하면, 가만 있지 않는다는 뜻으로 '지렁이도 밟으면 꿈틀한다'는 속담을 써.

　땅 위를 기어다니는 지렁이는 어디서든 흔히 볼 수 있는 동물이야. 지렁이는 보통 흙 속이나 하천, 호수, 동굴 등에 널리 살고 바다에 사는 것도 있는데, 전 세계에는 수천 종이 넘게 있고 우리나라만 해도 약 60여 종이나 살고 있지. 몸길이는 2~5밀리미터 정도로 아주 작은 것부터 2~3미터나 되는 뱀처럼 긴 것도 있단다.

　지렁이는 볼 수도 들을 수도 없고, 아무런 느낌이나 감각도 없어 보일지 몰라. 하지만 이런 지렁이라고 해도 사람에게 밟히면 아파서 꿈틀거리지.

　그럼, 실제로 지렁이가 약하고 하찮은 동물일까? 사실 지렁이는 '환경 파수꾼' 또는 '지구의 청소부'라고 불릴 만큼 생태계를 지키는 데 아주 중요한 역할을 하는 동물이야. 지렁이는 흙 속의 세균이나 미생물을 먹고, 식물 부스러기나 동물의 배설물을 좋아하거든. 지렁이는 식사를 하고 난 후 검은 똥을 누는데, 이 검은 똥은 흙을 기름지게 만든단다. 그리고 지렁이가 땅속을 이리저리 파헤치고 다니면서 흙이 골고루 섞이고 흙에 산소를 공급해

지렁이는 기다란 원통형의 몸 맨 앞에는 입이, 뒤에는 항문이 열려 있어. 몸이 고리 모양의 여러 마디로 이루어져 있어서 '환형동물'이라고 하지.

지렁이 굴

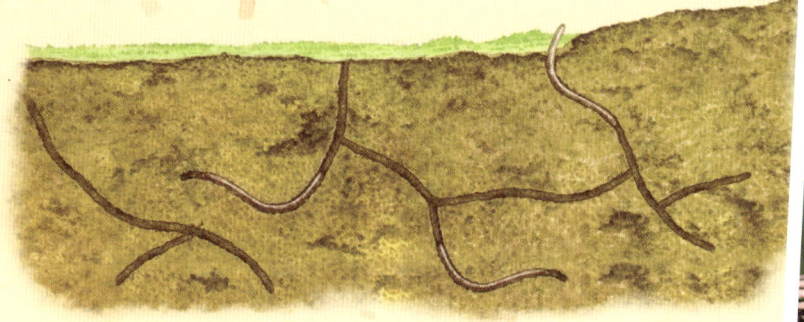

지렁이를 잡아먹는 새와 두더지야.

주면서 식물의 뿌리가 호흡하는 데도 큰 도움을 주지. 또 새, 고슴도치, 두더지 등 다른 동물들의 먹이가 되기 때문에 생태계를 지키는 아주 중요한 동물이란다.

비가 오는 날 지렁이는 왜 땅 위로 올라올까?

비가 오는 날이면 유난히 지렁이가 많아. 지렁이가 비를 좋아해서 땅 위로 올라오는 걸까? 그게 아니라 지렁이는 피부로 숨을 쉬기 때문이야. 그래서 늘 공기와 접촉하고 있어야 하는데, 비가 오면 땅속에 빗물이 가득 차기 때문에 숨 쉬기가 어려워져서 땅 위로 올라오는 거야. 또 날씨가 너무 덥거나 추우면 더 깊은 땅속으로 내려가기도 한단다.

비 오는 날 땅 위의 지렁이야.

저는 평소에 지렁이가 징그럽다고 생각했는데, 알고 보니 정말 유익한 동물이네요.

다시 읽는 우리 속담 36
뿌리 깊은 나무는 가뭄을 타지 않는다

현수는 기대에 찬 얼굴로 텔레비전을 켰어. 피겨 스케이팅 이민아 선수가 세계 선수권 대회에 출전했거든.

"와, 시작한다!"

경쾌한 음악에 맞춰, 빙판 위를 미끄러지듯 날아다니는 요정 같은 이민아 선수의 연기는 언제 봐도 멋있었어. 이민아 선수가 점프하고 착지하고, 동작을 할 때마다 괜히 현수 가슴까지 콩닥거렸어.

그런데 이민아 선수가 공중에서 세 번 돌고 착지를 하는 순간, 살짝 균형을 잃으면서 그만 엉덩방아를 찧고 말았어. 현수는 가슴이 철렁했어.

"아, 어떡해!"

그런데 이민아 선수는 다시 일어나 아무렇지 않게 피겨 스케이팅 연기를 펼쳤지. 그리고 마지막까지 멋진 연기를 펼치며 깔끔하게 마무리했어.

"이민아 선수 정말 대단한 거 같아요. 만약 나라면 저런 큰 대회에서 실수하면, 그 다음 동작도 제대로 못했을 거 같은데⋯⋯."

현수가 감탄하며 말하자, 같이 보던 아빠가 말했어.

"뿌리 깊은 나무는 가뭄을 타지 않는다더니, 역시 이민아구나!"

그러자 엄마도 맞장구를 치며 말했지.

"다섯 살 때부터 그 힘들고 어려운 연습과 훈련을 다 견뎌 냈다잖니? 저렇게 세계적인 선수가 될 수 있었던 건 하루아침에 이룬 게 아니지."

어떤 시련에도 흔들리지 않는 강한 사람. 현수는 또 한 번 이민아 선수처럼 멋진 사람이 되고 싶다는 생각을 했단다.

**주위에서 힘들고 어려운 상황들을 잘 이겨 내며
열심히 살아가는 사람들의 이야기를 들으면
어떤 생각을 하게 되니?**

나무가 뿌리를 내리는 이유는?

건조한 곳에서도 잘 자라는 보리수야. 인도가 원산지인데, 인도에서는 석가모니가 이 나무 아래에서 도를 깨달았다고 해서 신성한 나무로 여겨.

이민아 선수가 큰 대회에서 작은 실수에도 무너지지 않았던 것은 탄탄하게 갈고닦은 실력 덕분일 거야. '뿌리 깊은 나무는 가뭄을 타지 않는다.'는 속담은 무엇이든 기본이 탄탄하면 어떤 어려움도 견딜 수 있다는 뜻으로 쓰여.

뿌리는 식물의 몸 중 기본이 되는 부분이야. 식물이 잘 자랄 수 있는 것은 땅속에 내린 뿌리 덕분이지. 식물은 동물처럼 움직이거나 다른 먹이를 찾아 먹고사는 게 아니라 한 번 싹을 틔운 곳에서 뿌리를 내리고 그 자리에서 평생 산단다. 그리고 뿌리를 통해 흙 속에서 물과 영양분을 빨아들여 줄기와 잎으로 전달하지. 봉선화 같은 작은 식물은 손으로 뽑아 보면 뿌리까지 쉽게 뽑히지만, 나무와 같이 커다란 식물은 손으로 뽑을 수 없을 만큼 뿌리도 크고 길며 굵어.

뿌리는 식물이 바람이나 어떤 힘에 잘 견딜 수 있도록 하는 역할도 하지. 가뭄이 들어 땅이 마를 때 뿌리가 깊이 박혀 있지 않은 나무는 땅속의 물이나 영양분을 빨아올릴 수 없어서 메말라 죽겠지만, 뿌리가 깊

가뭄에도 예쁜 꽃을 피우는 나무들이 있나요?

나무와 뿌리와 구조

곁뿌리 · 원뿌리 · 뿌리골무 · 생장점 · 뿌리털

이 박힌 나무는 쉽게 말라 죽지 않을 거야. 물이 많은 땅에서 살아가는 나무는 뿌리가 깊지 않지만, 건조한 곳에서 살아가는 나무는 뿌리가 깊단다. 땅속 깊은 곳은 가뭄이 와도 쉽게 마르지 않기 때문에 평소에 가뭄을 경험한 나무는 더 잘 살아남을 수 있는 거지. 그런데 특히 가뭄에 강한 나무가 있어. 그중 대표적인 게 바로 소나무야. 소나무는 수분이 적어도 잘 버티기 때문에 쉽게 건조해지는 남쪽을 향하고 있는 산이나 바위가 많은 곳에서도 잘 살아가지. 그래서 수백 년 이상 꿋꿋이 살아가기도 한단다.

소나무 뿌리 주변에 자라는 미생물들이 주위의 물을 끌어다 소나무에게 공급해 주기 때문에, 소나무가 가뭄에 강한 거야.

환경에 적응하는 식물의 뿌리

식물은 종류에 따라 뿌리 모양이 다른데, 살아가는 환경에 따라 그 모양이 다양하게 변한 것들이 있단다. 이런 뿌리들을 '변형 뿌리'라고 해.

크레이프 머틀, 플레임, 유칼립투스, 골드 메달리온 트리는 가뭄에도 화려한 색의 꽃을 활짝 피우는 나무들이지요.

기생뿌리 다른 식물의 몸에 뿌리를 내리고 물과 양분을 빨아들이는 뿌리야. 겨우살이나 새삼 등이 있지.

버팀뿌리 뿌리의 지탱 능력을 돕기 위해 줄기에서 뿌리가 땅 위로 나와 넓게 뻗어 있어. 옥수수, 수수 등이 있어.

수중뿌리 물속에 늘어진 뿌리로 물과 양분을 흡수해. 개구리밥, 생이가래, 부레옥잠 등이 있어.

붙음뿌리 나무나 돌 같은 다른 물체에 뿌리를 붙이고 자기 몸을 지탱해. 담쟁이덩굴, 송악 등이 있지.

호흡뿌리 주로 늪이나 진흙에서 사는 식물의 뿌리로, 뿌리가 숨을 쉬기 위해 땅 위로 올라와 자라. 맹그로브, 벵골보리수 등이 있단다.

고래 싸움에 새우 등 터진다

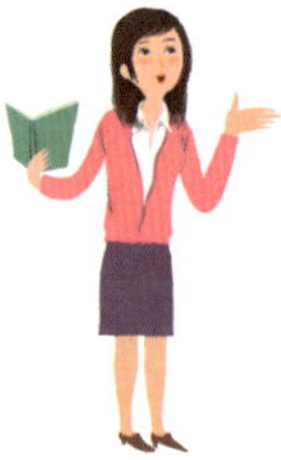

민국이는 쌍둥이 누나 수민이, 수아 때문에 늘 골치가 아파. 수민이랑 수아는 일란성 쌍둥이지만, 좋아하는 것도 잘하는 것도 서로 달라. 그런데 둘 다 고집이 세서 걸핏하면 다투지.

"야, 김수아! 너 나랑 종이접기 같이 하기로 했잖아."

"지금은 나가서 자전거 타고 싶단 말이야."

누나들의 싸움을 보며 민국이는 혼자 한숨을 쉬었어. 이럴 때마다 누나 둘이 서로 자기 편이 되어 달라고 해서 곤란할 때가 많거든.

"민국아, 나랑 종이접기 하자. 김수아 넌 혼자 자전거 타!"

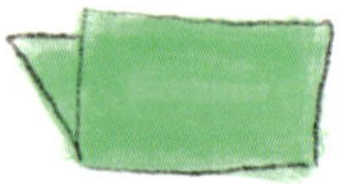

수민이 말에 수아가 민국이 팔을 잡아당기며 말했지.

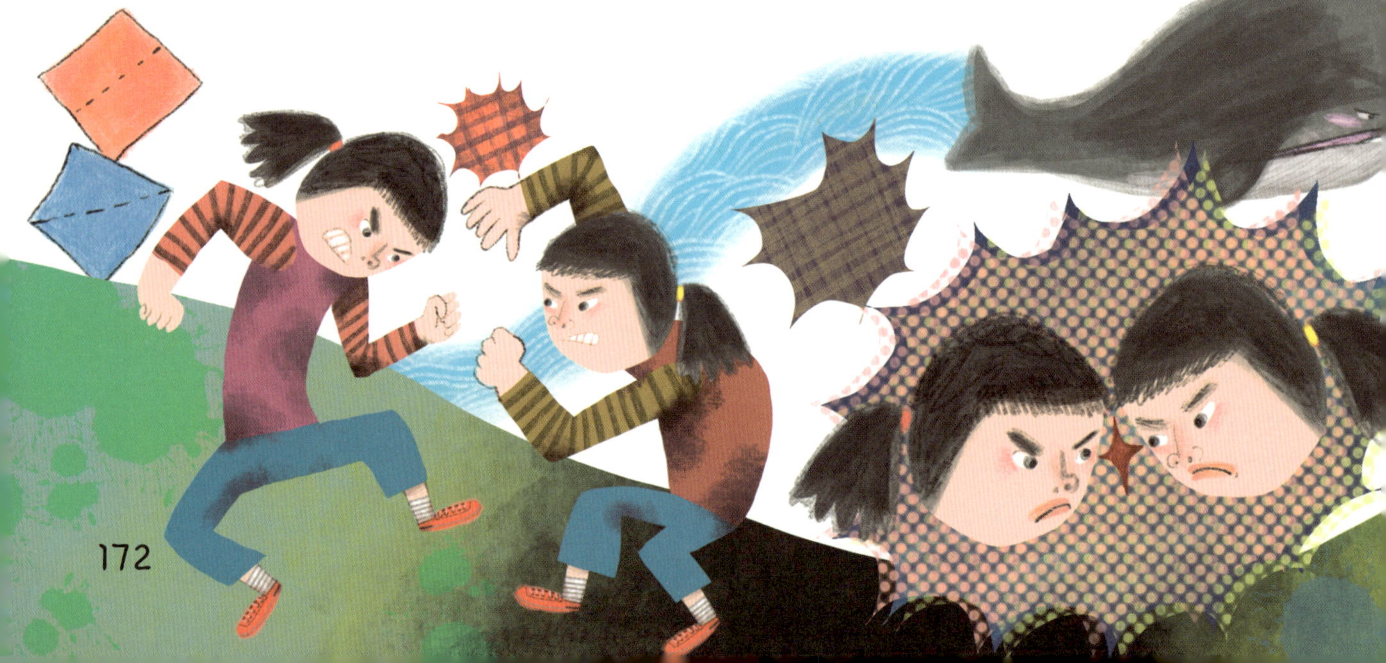

"너 자전거 타는 게 더 좋지? 누나랑 나가자."
"야, 민국이는 원래 나를 더 좋아해."
"무슨 소리야? 민국아, 누나랑 노는 게 더 재밌지?"
고래 싸움에 새우 등 터진다고, 오늘도 화살은 민국이에게 돌아왔어.
"김민국! 너 왜 대답 안 해? 솔직히 얘기해 보라구! 뭘 하고 싶은지."
민국이는 조심스레 말했어.
"근데 엄마가 숙제 먼저 하고 놀라고 했잖아. 누나들 숙제는 다 했어?"
그러자 수민이랑 수아가 동시에 민국이를 노려보며 쏘아붙였지.
"쪼그만 게 누나한테 잔소리냐?"
"힝, 왜 나만 갖고 그래!"

강한 사람들끼리의 싸움에 괜히 힘없는 사람이 더 피해를 보는 경우도 있단다.

힘 약한 새우가 귀중한 이유는?

반대로 '새우 싸움에 고래 등 터진다'는 말도 있지요. 무슨 뜻인지 아세요?

수민이와 수아, 두 누나 사이에서 괜히 아무 잘못도 없는 민국이만 곤란해졌어. 이렇게 강한 사람들끼리 싸우는 통에, 아무 상관도 없는 약자가 중간에서 피해를 입을 때 '고래 싸움에 새우 등 터진다'고 말해.

바다에 사는 고래는 포유류 중에서 몸집이 가장 커. 반면 새우는 몸집이 아주 작지. 그래서 고래의 먹이가 되고는 해. 새우 수천 마리를 한 번에 삼킬 정도의 고래이니, 덩치 큰 고래끼리 싸우는 틈에 작은 새우가 있다면 실제로도 새우 등은 터져 버리고 말 거야.

이렇게 약한 사람을 상징하는 새우지만, 새우는 물고기와 고래를 비롯한 수많은 해양 동물과 사람들에게 아주 귀중한 식량 자원이 되는 동물이야. 전 세계적으로 3900여 종에 이르고, 우리나라에만도 약 80여 종이 알려져 있지. 새우는 몸이 머리, 가슴, 배로 나뉘는데 게와 같이 다섯 쌍의 다리, 즉 열 개의 다리를 가지고 있어. 새우는 작지만 꼬리와 배의 근육을 이용해 앞으로 빠르게 헤엄치는 재주도 있지. 또 위험할 때는 배를 굽혔다 펴면서 빠르게 뒤로 물러나기도 해. 하지만 모든 새우가 헤엄을 치는 건 아니야. 몸이 좌우로 편평한 보리새우는 헤엄을 치지만, 등과 배 쪽이 납작

보리새우는 바닥이 진흙과 모래로 되어 있는 100미터 이내의 연안에서 살아.

닭새우는 얕은 바다의 암초 지대에 사는데, 몸길이보다 훨씬 긴 굵은 더듬이가 있단다.

▲ 새우는 우리가 즐겨 먹는 여러 요리의 재료로 쓰일 뿐 아니라 젓갈을 담그거나 여러 가공식품의 원료로 쓰이기도 해.

한 닭새우는 기어 다닌단다. 기어 다니는 새우들은 주로 연안의 수중 암초 지대에서 볼 수 있지.

거의 모든 종류의 새우는 먹을 수 있고, 대량으로 나는 종류도 있어서 수산 자원으로서 아주 중요한 역할을 한단다.

못난 아랫사람이 잘못한 일 때문에 윗사람에게까지 피해를 끼칠 때 쓰는 말이지요.

 가장 거대한 고래와 가장 작은 고래는?

새우가 작고 힘없는 동물을 상징하고, 그에 반해 고래는 거대하고 힘센 동물을 상징한다고 했지? 그럼 고래는 얼마나 거대한 동물일까? 고래는 종류에 따라 몸 크기도 다른데, 그중 '흰긴수염고래'는 지구 역사상 가장 거대한 동물로 알려진 동물이야. '대왕고래'라고도 하지. 몸길이가 최대 33.58미터에 몸무게가 무려 190톤에 이른다니 상상이 되니? 먹이로 주로 크릴새우를 먹는데, 다 큰 어른 고래는 하루에 크릴새우 4천 톤을 먹어 치울 수 있다고 해. 하지만 고래가 다 몸집이 큰 건 아니야. 우리나라의 상괭이는 최대 1.9미터 밖에 자라지 않는 귀여운 고래야. 멕시코에 서식하는 '바키타 돌고래'도 세계에서 가장 작은 돌고래로 몸길이 약 1.5미터로 작고, 눈 주위가 판다처럼 생긴 귀여운 돌고래란다.

흰긴수염고래는 몸에 잔무늬가 있고, 검은 수염이 있어. 1966년부터 국제 조약에 의해 포획이 금지되었단다.

다시 읽는 우리 속담 38

자라 보고 놀란 가슴 솥뚜껑 보고 놀란다

배고픈 호랑이가 산에서 사람들이 사는 마을까지 내려왔어. 그리고 한 초가집 앞에서 어슬렁거리고 있는데, 방 안에서 '응애, 응애'하는 아기 울음소리가 들려오는 거야.

"아가, 자꾸 울면 호랑이가 잡아간단다. 뚝!"

호랑이는 깜짝 놀랐어. 자기가 와 있는 걸 눈치채다니 아무래도 보통 사람 같지가 않았지. 그런데 아기가 더 크게 울기 시작하는 거야.

"아가, 곶감이다."

이 한마디에 거짓말처럼 아기는 울음을 뚝 그쳤지.

"아니, 곶감이 얼마나 무서운 녀석이길래 바로 울음을 그치지?"

호랑이는 슬슬 겁이 났어. 그리고 점점 몸이 부들부들 떨렸지.

혹시라도 곶감이 뛰쳐나올까 무서워 얼른 외양간 안에 몸을 숨겼어.

그때 하필이면 외양간 안에 소도둑이 들어온 거야. 깜깜한 밤이라 소도둑은 호랑이가 소인 줄만 알고 호랑이 목에 얼른 밧줄을 걸었어.

'아, 곶감이 나를 잡으러 왔나 보다!'

곶감 때문에 잔뜩 겁에 질린 호랑이는 벌벌 떨고만 있는데, 소도둑이 밧줄을 확 잡아당겼어. **자라 보고 놀란 가슴 솥뚜껑 보고 놀란다**고, 호랑이는 화들짝 놀라 마구 뛰기 시작했지. 그런데 소도둑이 가만 보니, 자기가 호랑이 등 위에 타고 있는 게 아니겠어?

소도둑은 죽을 힘을 다해 밧줄을 잡았고, 호랑이는 죽을 힘을 다해 날뛰었어. 그러다 나뭇가지를 붙잡은 소도둑은 얼른 나무 사이로 머리를 숨겼지. 그제야 호랑이는 안도의 한숨을 내쉬었단다.

"휴, 간신히 곶감을 떨어뜨렸네."

뭔가에 놀라 비슷한 것만 봐도 미리 겁을 먹은 적은 없니?
뭐든 성급하게 판단하면 큰 오해가 생길 수 있어.

자라 등과 솥뚜껑이 닮았다고?

햇빛에 몸을 쪼이고 있는 자라와 붉은귀거북이야. 붉은귀거북은 다른 거북들보다 작은데, 두 귀에 붉은색의 줄이 나 있어.

바다거북은 등딱지의 길이가 1미터에 이르러. 등딱지는 마치 커다란 방패처럼 생겼지. 모래 해변에 알을 낳는데, 한 번에 100~200개의 알을 낳는단다.

자라 목은 유난히 긴 것 같아요. 그 이유가 있나요?

곶감에게 잔뜩 겁을 먹고 있는 호랑이였기에, 어둠 속에서 자신을 덮친 소도둑을 당연히 곶감이라고 생각했을 거야. 무언가에 몹시 놀라서 비슷한 것만 봐도 깜짝 놀라게 될 때 '자라 보고 놀란 가슴 솥뚜껑 보고 놀란다'는 속담을 써. 이런 말이 왜 나왔을까? 자라와 솥뚜껑이 닮았기 때문이겠지. 요즘은 솥뚜껑을 볼 일이 별로 없겠지만, 옛날에는 밥이나 국을 끓일 때 무쇠로 만든 솥을 썼어. 손잡이가 달린 둥그렇고 커다란 솥뚜껑은 대부분 색깔이 시커멓고 주름져 있어. 이 솥뚜껑이 마치 자라의 등딱지와 닮아서 나온 말이란다.

자라는 거북과 비슷한 동물로 몸길이는 30센티미터 정도이고, 등딱지 길이는 25~40센티미터 정도야. 등딱지는 암갈색이거나 황록색인데, 납작하고 둥근 모양으로 부드러운 가죽처럼 매끈하지. 얼핏 모양은 솥뚜껑과 닮은 것 같아도 단단하고 무거운 솥뚜껑과 부드러운 자라 등딱지는 엄연히 다르단다.

자라는 주로 하천이나 연못 밑바닥 등과 같은 민물에 사는데, 알을 낳을 때 빼고는 물 밖으로 잘 나오지 않아. 다른 거북류에 비해 자라는 입이 가늘고 길게 뻗어 있어. 코는 관 모양으로 길고, 돼지 코처럼 생겼단다. 자라는 겁도 많지만 공격적이어서 잡히면 물기도 하는데, 무는 힘이 엄청 강해서 한 번 물면 잘 놓지 않을 정도로 무서워. 또 행동이 빨라서 물속에서 물고기, 개구리, 게 등을 잡아먹지. 흔히 자라나 거북은 느림보를 상징하는 대표적인 동물이지만 위협을 느꼈을 때의 순간적인 속도는 빨라. 하지만 바다거북처럼 커다랗고 딱딱한 등딱지를 가진 거북은 아무래도 느릿느릿할 수밖에 없겠지?

자라 목이 긴 이유는 물 위로 코를 내밀어 숨을 쉴 때 최대한 몸을 깊게 유지하기 위해서랍니다.

 **등딱지가 단단한 남생이**

남생이는 우리나라 토종 거북으로, 물과 육지 양쪽을 오가며 살아가는 민물 거북이야. 부드러운 등딱지를 가진 자라와는 달리, 우리나라 민물 거북 중에서 등딱지가 가장 단단하지. 또 성질이 사나운 자라와는 달리 온순하고 길들이기가 쉬워.

남생이는 생명력이 아주 강해서 다양한 환경에서 잘 적응하며 사는 동물이지만, 개체 수가 급격히 줄어들고 있어서 천연기념물로 지정되었을 뿐만 아니라 멸종위기 야생생물 II급으로 지정되어 보호받고 있단다.

남생이의 네 발에는 다섯 개의 발가락이 있고, 발가락 사이에는 물갈퀴가 있어. 한국, 일본, 중국, 타이완 등에 살고 있지.

송충이는 솔잎을 먹어야 산다

정민이랑 같은 반 친구인 재은이는 책 읽기를 아주 좋아해. 재은이는 정민이랑 유치원 때부터 친구이고, 엄마들끼리도 친해서 정민이네 집에도 자주 놀러 오지.

재은이는 정민이네 집에 놀러 와서도 읽어 본 적 없는 새로운 책을 골라 읽는 걸 아주 좋아했어. 그런 모습을 보면 정민이 엄마는 슬슬 잔소리를 시작했지.

"정민아, 너도 재은이처럼 책 좀 많이 읽으면 얼마나 좋니?"

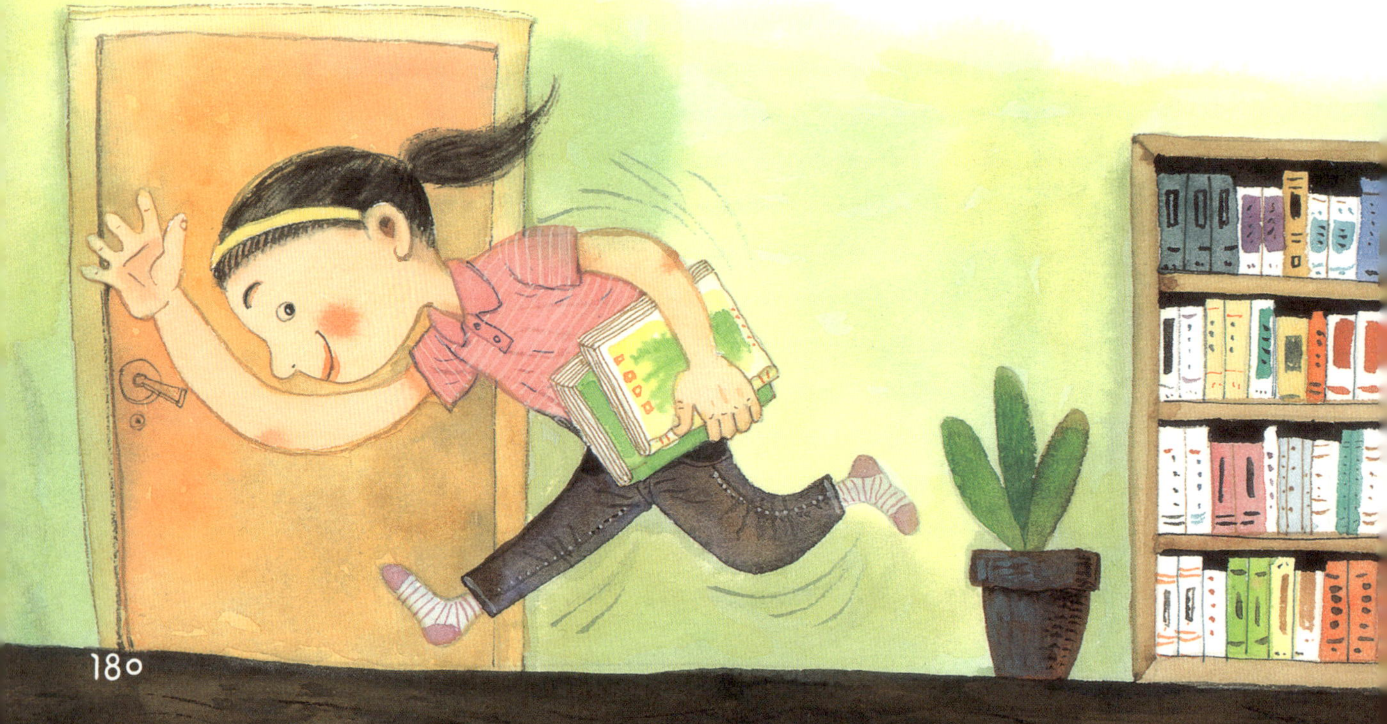

하지만 어쩌겠어. 정민이는 책만 펴면 슬슬 졸음부터 오는걸.

정민이는 책을 읽는 것보다는 책 속에 그려진 주인공들을 따라 그리는 게 훨씬 재미있었어. 그래서 책을 읽다가도 그림이 나오면 책 읽기를 멈추고 그림을 그렸는데, 희안하게도 그럴 땐 졸린 줄도, 시간 가는 줄도 몰랐지.

한 학기가 끝나고 방학을 며칠 앞둔 어느 날, 재은이네 반 선생님이 깜짝 선물을 준비하셨어.

"한 학기 동안 책을 가장 많이 읽은 독서왕에게 선생님이 선물을 줄 거예요. 자, 강재은! 책도 많이 읽고 독서 기록장도 꼬박꼬박 잘 써서 선생님이 주는 선물이야. 다음 학기에는 다른 친구들도 독서왕에 도전하세요."

재은이가 받은 선물은 평소에 정민이도 엄청 갖고 싶었던 열쇠 달린 비밀 노트랑 반짝이 컬러펜 세트였어.

'와, 재은이는 좋겠다. 엄마도 만날 재은이 칭찬하고, 선생님한테 선물도 받는데…… 나라고 못하겠어? 그래! 나도 독서왕에 도전하는 거야.'

정민이는 그날 이후 하루에 꼬박꼬박 책 다섯 권씩 읽겠다고 결심했어. 그리고 집에 오자마자 책상 앞에 앉아 책을 쌓아 두고는 읽기 시작했지.

"아유, 우리 정민이가 웬일이야? 책을 다 읽고?"

엄마 칭찬에 더욱 눈에 불을 켜고 책을 읽는 것도 잠시. 가만히 앉아서 책을 읽으려니까 아니나 다를까 몸도 근질근질하고, 눈꺼풀은 내려왔지. 하지만 엄마가 좋아하시는 모습에 정민이는 꾹 참고 앉아서 한 권, 두 권 억지로 책을 읽었어. 그런데 억지로 책을 읽다 보니까 읽고 나서는 무슨 내용이었는지 하나도 생각이 나질 않는 거야.

그렇게 삼일 째. 책장을 넘기는 정민이의 눈이 가물가물, 졸음이 폭풍처럼 몰려오기 시작했어. 졸음을 참으려니 머리까지 지끈지끈 아프지 뭐야.

"아아아! 도저히 안 되겠어. 역시 갑자기 하루에 책 다섯 권씩은 나한테는 무리였어. 난 책 읽기보다는 그림 그리는 게 훨씬 재밌고 신나는걸. 이래서 **송충이는 솔잎을 먹어야 산다**는 건가 봐. 책은 하루에 한 권씩만 읽자."

정민이는 굳이 재은이처럼 독서왕이 될 필요가 없다고 생각했어. 대신 캐릭터 그리기 왕이 되어야겠다고 생각하면서 빈 종이를 꺼내 그림을 그리기 시작했단다.

누구나 각자에게 맞는 일과 더 어울리는 일이 있단다.
다른 사람만을 부러워하며 쫓아가다가는 진짜 내 장점마저 잃을 수도 있어.

송충이는 솔잎을 얼마나 갉아 먹을까?

송충이가 무서워하는 천적으로는 어떤 동물이 있나요?

정민이에게는 책 읽는 일보다는 그림 그리는 일이 훨씬 즐겁고 잘할 수 있는 일이야. 다른 사람이 부럽다고 무작정 따라 하다 보면 자기 분수에 맞지 않는 일을 하게 돼서 힘들어질 수 있어. 솔잎을 먹어야 사는 송충이가 갈잎을 먹고는 살 수 없듯이 말이야. 요즘 친구들은 송충이를 많이 보지는 못했겠지만, 예전에는 쉽게 볼 수 있는 벌레였단다.

송충이는 솔나방의 애벌레인데, 누에와 비슷하지만 흑갈색이고 온몸에 털이 나 있어. 가운데와 뒷가슴마디의 등쪽 면에는 띠 모양으로 바늘 모양의 털이 빽빽하게 나 있는데, 사람이 이 털에 찔리면 통증과 염증을 일으키기도 한단다. 무엇보다도 송충이는 소나무를 갉아 먹어 큰 피해를 주는 해충이야. 거의 소나무를 먹고 살긴 하지만 낙엽송의 잎을 먹기도 하지. 예전에는 송충이가 소나무를 하도 갉아 먹는 바람에

솔나방은 회백색에서 황갈색을 띠는데 7~8월에 나와 솔잎에 400~600개의 알을 낳는단다. 이 알에서 나온 애벌레가 몸에 빽빽한 털을 지닌 송충이야.

그 피해가 심각해서 사람들이 송충이 잡는 일에 동원되기도 했단다. 도대체 송충이는 솔잎을 얼마나 갉아 먹는 걸까? 솔나방은 7~8월 솔잎에 400~600개의 알을 낳아. 알에서 깬 송충이는 가을에 4번 탈피하고 10월 하순에는 소나무 껍질이나 뿌리 근처로 내려와 5령으로 겨울을 보내. 그리고 이듬해 봄에 3번 탈피해서 8령으로 자라나면 다시 나무로 올라가 잎을 먹으면서 6월 무렵에 고치를 만든단다. 송충이 한 마리가 여름철에 나타나 겨울을 보낼 때까지 하루에 먹는 솔잎은 25~30밀리미터 정도이고, 겨울을 지나 여름철에 고치를 지을 때까지 하루에 먹는 솔잎은 300~400밀리미터 정도야. 이러니, 수백 마리의 송충이가 솔잎을 갉아 먹는다고 생각하면 정말 무시무시한 양이지? 심한 경우에는 실제로 온 산의 소나무가 다 죽은 적도 있어. 하지만 계속된 노력으로 지금은 송충이의 피해가 많이 줄어들었단다.

육식성 곤충인 딱정벌레가 송충이의 천적이에요. 또 송충이 알에 기생하는 송충알벌도 있답니다.

 독이 있는 털을 가지고 있는 나방 애벌레

나방 중에는 독을 가지고 있는 독나방이 있어. 이런 독나방은 애벌레 때부터 독을 가지고 있는 경우가 많은데, 독을 가지고 있는 애벌레는 대부분 화려한 것들이 많단다.
독을 가지고 있는 나방 애벌레로는 무늬독나방 애벌레, 쐐기나방 애벌레 등이 있어.
이 애벌레들의 몸에 난 털 중에 일부가 독을 지닌 '독모'가 섞여 있어. 이 애벌레들을 건드렸다가 독모에 닿으면 독성이 퍼져서 피부에 통증을 일으키거나 염증을 일으킨단다.

독나방과에 속하는 매미나방 애벌레야. 매미나방 애벌레는 상수리나무, 자작나무, 과실나무 등의 잎을 먹는단다.

벼는 익을수록 고개를 숙인다

먼 옛날, 꽃나라를 다스리는 모란꽃이 있었어. 어느 날 모란꽃이 꽃들을 모아 놓고 말했단다.

"가장 훌륭한 꽃을 뽑아 나의 가까운 신하로 삼겠다."

그때 강한 향기와 화려한 자태를 뽐내며 장미가 나섰어.

"저만큼 아름다운 꽃은 없을 겁니다. 저처럼 예쁘고 우아한 신하를 곁에 두셔야 합니다."

그러자 패랭이꽃이 나서며 말했지.

"저는 귀한 약으로 쓰이는 꽃입니다. 그러니 저를 곁에 두셔야죠!"

꽃들은 서로 자기가 가장 훌륭하다며 잔뜩 자랑을 늘어놓았어. 그때 시들시들한 할미꽃이 구부정하게 천천히 걸어 나와 말했지.

"임금님, 저는 아름답지도 귀한 약으로 쓰이지도 않는 늙은 꽃일 뿐입니다. 나라를 강하게 다스리시려면, 나라 살림과 군사를 미리 튼튼히 하셔야 합니다."

할미꽃의 말에 모란꽃이 무릎을 치며 말했어.

"오, 그대야말로 지혜로운 신하로구나!"

벼는 익을수록 고개를 숙이는 것처럼, 할미꽃은 구부정한 허리를 더 깊게 숙이며 말했어.

"임금님의 지혜로운 신하가 되어, 나라를 위해 이 한 몸 바치겠습니다."

모란꽃은 할미꽃의 도움으로 꽃나라를 오래오래 평화롭고 살기 좋은 나라로 다스렸단다.

내면이 훌륭한 사람은 일부러 드러내지 않아도 사람들이 알게 되는 법이란다.
훌륭한 사람을 더 돋보이게 만드는 최대의 미덕은 바로 겸손함이지.

가람 박사의 생태이야기
벼가 익을수록 고개를 숙이는 이유는?

▲ 누렇게 물든 벼 이삭이야. 벼 이삭 속에는 하얀 쌀알이 들어 있지.

옛날 자연에서 자라던 벼는 생산량이 적었지만, 농업 기술이 발달하면서 이젠 좁은 땅에서도 많이 거둘 수 있는 농작물이 되었지요.

　누구보다 지혜를 가진 할미꽃이 다른 꽃들처럼 나서서 잘난 척하지 않는 것처럼, 인격이 훌륭한 사람일수록 다른 사람 앞에서 자신을 낮추며 겸손한 법이란다. 마치 익으면 익을수록 고개를 숙이는 벼처럼 말이야. 요즘 친구들은 벼가 자라는 모습을 볼 기회가 많이 없었을 거야. 하지만 우리가 매일 지어 먹는 밥인 쌀이 열매로 열리는 소중한 농작물이 벼라는 건 누구나 알고 있겠지?

　벼는 논에서 자라는 한해살이 식물이야. 잎과 줄기가 자란 다음 줄기 끝에 이삭이 나와 7~8월쯤 꽃이 핀 후 열매를 맺지. 이삭은 벼에서 열매가 열리는 부분인데, 벼 이삭이 익으면 익을수록 점점 무거워지기 때문에 자꾸만 아래로 고개를 숙이는 거야. 벼가 익으면 벼 잎도 벼 이삭도 누렇게 물들어. 벼는 다 자라면 키가 거의 1미터 정도 된단다. 벼의 줄기 끝에 달린 열매는 가을이 되면 노랗게 여무는데, 열매의 겉껍질을 벗기면 하얀 쌀 알갱이가 나온단다. 벼 이삭 하나에는 100개 정도의 알갱이가 달리지. 벼가 거의 누렇게 익으면 벼를 베고 벼에서 알갱이를 떨어내는 거야. 벼의 알갱이를 떨어내고 난 줄기를 '볏짚'이라고 하는데 이 볏짚은 가축의 먹이로도 많이 쓰여. 옛날에는 볏짚으로 짚신을 지어 신거나 멍석이나 가마니 등을 만들어 쓰기도 했단다. 벼의 열매인 쌀은 전 세계 인구 40%의 주식이 되는 아주 귀중한 식량이야. 밥을 지어 먹는 것 외에 떡, 과자, 술 등의 재료로 쓰이기도 한단다.

볏짚은 동물의 사료로 쓰이기도 하고 신을 지어 신기도 했어.

밀, 보리, 옥수수도 벼과 식물이라고?

벼 말고도 우리가 잘 알고 있는 옥수수, 밀, 보리, 기장 등도 모두 벼과 식물이야. 벼과 식물은 모든 기후에서 잘 자라고 세계 어느 곳에나 분포하고 있지. 남극의 세종기지 근처에도 '남극좀새풀'이라는 벼과 식물이 자라고 있단다.

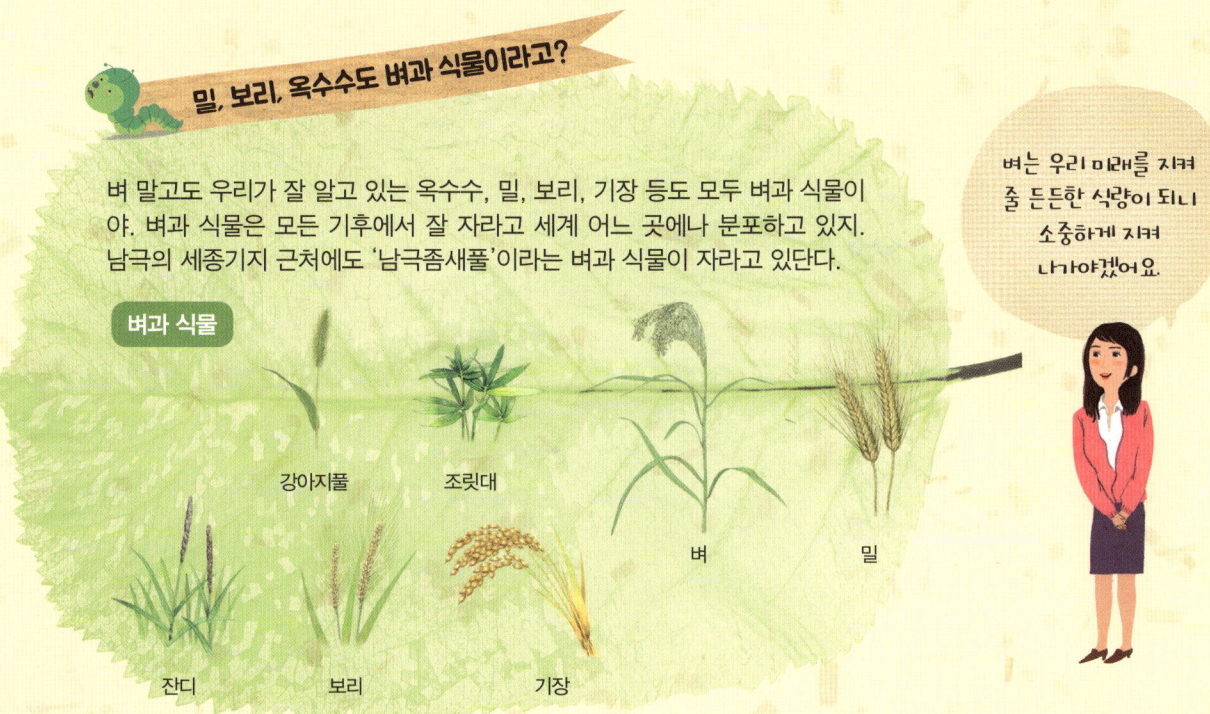

벼과 식물: 잔디, 강아지풀, 보리, 조릿대, 기장, 벼, 밀

벼는 우리 미래를 지켜 줄 든든한 식량이 되니 소중하게 지켜 나가야겠어요.

찾아보기

가재 • 124, 125
갈기 • 45, 113
갈참나무 • 36, 37
감 • 68, 69
강낭콩 • 105
강아지풀 • 189
개 • 78, 79
개구리 • 130, 131
개박하 • 40, 41
개살구 • 40, 41
개연꽃 • 40
갯가재 • 125
갯고들빼기 • 41
갯그령 • 41
거미 • 136, 137
거미줄 • 136, 137
검은콩 • 104, 105
게 • 124, 125
계곡산개구리 • 59
고래 • 174, 175
고래상어 • 29
고슴도치 • 112, 113
고양이 • 14, 15
곰 • 144, 145
구렁이 • 96, 97
굴참나무 • 37
굼벵이 • 32, 33
귤 • 74
그늘나비 • 64
금개구리 • 59

기생뿌리 • 171
까투리 • 22
꺼병이 • 22
꼴뚜기 • 156, 157
꽃게거미 • 137
꽃무지 • 32, 33
꾀꼬리 • 117
꿩 • 22, 23
꿩의다리 • 23
나비 • 64, 65
낙지 • 157
날치 • 93
남극좀새풀 • 141
남생이 • 179
노란콩 • 104
누에 • 33, 184
다람쥐 • 18, 19
닥스훈트 • 79
닭 • 22, 23, 88
닭발 • 50, 88
닭새우 • 174, 175
대왕고래 • 175
대왕나비 • 64, 65
도깨비부채 • 41
도깨비쇠고비 • 41
도토리 • 19, 36, 37
독나방 • 185
동부콩 • 105
두꺼비 • 130, 131
땅거미 • 137

떡갈나무 • 37
뜸부기 • 117
레몬 • 74, 75
말뚝망둥어 • 92
매미 • 32, 33
먹구렁이 • 96, 97
메뚜기 • 160, 161
메주콩 • 104, 105
문어 • 157
물거미 • 137
물총새 • 117
미국쑥부쟁이 • 41
미꾸라지 • 54, 55
미꾸리 • 55
밀 • 189
바다거북 • 178, 179
바키타 돌고래 • 175
박하 • 41
반달가슴곰 • 145
발광 해파리 • 28
방게 • 125
버팀뿌리 • 171
벌새 • 50, 51
벼 • 188, 189
벼룩 • 100, 101
벼메뚜기 • 160, 161
보더콜리 • 79
보리 • 189
보리새우 • 174
부엉이 • 152, 153

190

북극곰 • 144
북방산개구리 • 58, 59
불곰 • 144
붙음뿌리 • 171
뻐꾸기 • 117
산미치광이 • 113
살구 • 40
상수리나무 • 37
새우 • 124, 125, 174, 175
서리태 • 105
설치류 • 19
섬댕강나무 • 41
섬초롱꽃 • 41
소 • 82
소나무 • 171, 184, 185
소쩍새 • 152
솔나방 • 184, 185
솔이끼 • 140, 141
송충이 • 184, 185
쇠오리 • 88
수련 • 109
수박 • 69, 74
수중뿌리 • 171
순록 • 78, 79
숭어 • 92
신갈나무 • 37
신선나비 • 65
심해 아귀 • 29
싸리나무 • 105
쑥 • 125

아까시나무 • 105
애기냉이 • 41
애기풀 • 41
앨버트로스 • 51
양파 • 15, 75
연근 • 109
연꽃 • 40, 108, 109
연시 • 68, 69
연어 • 93
염소 • 148, 149
오리너구리 • 19
오리발 • 88
오색나비 • 64
오징어 • 156, 157
옥수수 • 189
올빼미 • 152, 153
올챙이 • 58
옴개구리 • 58, 59
완두콩 • 105
우산이끼 • 140, 141
유럽점나도나물 • 41
이끼 • 140, 141
자라 • 178, 179
잔디 • 189
장구벌레 • 55
장끼 • 22, 23
제비 • 116, 117
조릿대 • 189
졸참나무 • 37
쥐 • 14, 15

지렁이 • 166, 167
쭈꾸미 • 157
참개구리 • 58, 59
참나무 • 36, 37
참새 • 120, 121
청개구리 • 58, 59
청둥오리 • 88, 89
칡 • 105
캥거루 • 19
코알라 • 19
클로버 • 105
투명 오징어 • 29
푸들 • 79
풀무치 • 160
풍뎅이 • 32, 33
한국산개구리 • 59
호랑이 • 44, 45
호흡뿌리 • 171
홍시 • 68
황구렁이 • 96, 97
흑곰 • 144, 145
흰뺨검둥오리 • 88